LA VIE À DEUX, UN JEU QUANTIQUE

DANS LA MÊME COLLECTION :

Explorez votre esprit quantique, Guy Trédaniel éditeur, 2020

Attirez l'abondance, Guy Trédaniel éditeur, 2020.

MISE EN PAGES : AGENCE TWAPIMOA

ISBN : 978-2-8132-2194-0

www.editions-tredaniel.com
info@guytredaniel.fr
www.facebook.com/editions.tredaniel

Dr. Christian BOURIT
Éric-Antoine VERHEYDEN

Illustrations Frédéric Baylot

LA VIE À DEUX, UN JEU QUANTIQUE

Guy Trédaniel éditeur
19, rue Saint-Séverin
75005 Paris

La belle relation que vous espérez existe déjà dans l'invisible, elle attend simplement que vous soyez prêt mentalement pour entrer dans votre vie.

Dr Christian BOURIT

Vous écrivez votre propre histoire. Ne vous contentez jamais d'une relation ordinaire, les miracles sont toujours possibles dans le jeu quantique.

Éric-Antoine VERHEYDEN

Aimer, ce n'est pas

se regarder l'un l'autre,

c'est regarder

ensemble

dans la même

direction

Antoine de Saint-Exupéry

Sommaire

Notre perception change tout

Lorsque vous regardez une personne qui partage votre vie, vous pouvez exalter ses plus belles qualités ou semer les prémices d'une difficulté en relevant ses manques.

Si certains couples sont d'emblée plus doués pour le bonheur, c'est parce qu'ils cultivent des émotions positives, comme la joie et l'enthousiasme et qu'ils se projettent dans un futur joyeux. Contrairement à beaucoup d'autres couples, ils ne font pas de la souffrance une vertu.

Dans le jeu quantique, nous n'obtenons pas ce que nous voulons, mais ce que nous ressentons. C'est donc en cultivant des émotions positives que l'on s'engage sur le chemin d'une relation réussie.

La vie est un jeu quantique, cela signifie qu'il y a des règles, à commencer par celle-ci : le semblable attire le semblable. Nous devons créer l'équivalence mentale de ce que nous voulons vivre.

Tout ce qui se manifeste dans notre monde relationnel n'est que la concrétisation de notre monde intérieur même si nous n'en avons pas la moindre conscience.

Dr. Christian Bourit

La Relation Quantique

Une vie de couple fantasquantique*

Lorsque nous sommes amoureux, le monde foisonne immédiatement de nouvelles possibilités. Nous remarquons la beauté du monde. Tout semble s'illuminer, les couleurs deviennent éclatantes. Le coucher de soleil qui vous laissait indifférent hier prend toute sa splendeur et vous commencez à percevoir la beauté en toutes choses. **Ce magnifique jardin était déjà là mais vous ne l'aviez pas vu jusqu'à présent, ce qui était laid disparaît.**

Mais pourquoi alors faut-il que ce merveilleux état qui nous transporte littéralement soit souvent si éphémère ? Il semble que nous soyons pour la plupart incapables de le retenir, comme si c'était dans l'ordre des choses. « L'amour on le sait bien, ça ne dure pas. » Pourtant ce scénario n'a rien d'une fatalité. Vous êtes-vous demandé pourquoi certains couples sont capables de créer des relations infiniment précieuses et empreintes de joie et de liberté ?

* Un jour, le mot « fantasquantique » m'a été envoyé du ciel par magie, comme s'il manquait au dictionnaire terrestre et qu'il me fallait impérativement l'y ajouter. Voilà qui est fait à présent ! Amalgame des mots « fantastique » et « quantique », le mot « fantasquantique » évoque le concept de l'adhésion au jeu quantique afin que le fantastique jaillisse du monde invisible pour apparaître dans le visible.

Ce moment ne viendra cependant jamais si vous ne prenez pas la décision de remettre en cause fondamentalement votre manière de penser, car vous êtes responsable de tout ce que vous pensez.

Le moment est venu de comprendre
que dans une vie de couple,
comme dans les autres domaines,
tout commence par une impulsion d'énergie.

Éric-Antoine Verheyden

Chapitre 1

LA VIE EST UN JEU QUANTIQUE

La façon
dont chacun utilise
ses pensées, ses émotions,
sa capacité d'imagination
est certainement
aussi déterminante
que tout ce qu'il est
possible d'accomplir
dans le monde visible
pour nous connecter
à une vie riche dans tous
les sens du terme.

Christian Bourit

Tout commence dans l'invisible

Vivre dans l'ignorance de ce mécanisme quantique, même s'il échappe à nos cinq sens, se paie un jour ou l'autre et souvent au prix fort.

Si tant de gens souffrent et ont l'impression de se débattre dans un monde hostile, c'est qu'ils se limitent à une approche purement matérielle de la vie, des circonstances ; ils font l'erreur de négliger leur monde invisible.

Pour eux, la lutte est la seule manière d'obtenir les choses quand ils s'en sentent encore capables, car beaucoup renoncent et vivent bien en dessous de leur potentiel. Il existe bien d'autres lois que les lois physiques pour diriger nos vies.

Dans la vie de chacun, il y a toujours un point de bascule.
Si vous avez ce livre entre les mains aujourd'hui,
ce n'est pas un hasard.

La vie à deux, un jeu quantique **est le plus formidable des instruments pour goûter au bonheur en couple, mais aussi pour rejoindre vos plus belles possibilités dans les autres domaines.**

Le moment est venu de comprendre définitivement que votre monde intérieur est aussi important que le monde extérieur pour décider de votre avenir de couple. Il ne faut pas espérer vouloir tout résoudre par la seule action.

POTES EN CIEL
DANS LE VASTE CHAMP D'ÉNERGIE QUI NOUS ENTOURE...
... CE QUE L'ON CHERCHE EXISTE DÉJÀ SOUS FORME DE POTENTIALITÉS...
LA CONNEXION S'ÉTABLIT EN FONCTION DE NOTRE NIVEAU DE CONSCIENCE...
... DE L'ÉNERGIE QUE NOUS ÉMETTONS...

Ce qui apparaît dans votre couple était déjà dans vos esprits

Le livre que vous avez entre les mains est né d'une pensée. Tout comme ne furent au départ qu'une pensée, une impulsion d'énergie, les choses qui font votre quotidien.

Qu'il s'agisse de la montre que vous avez à votre poignet, de votre appartement, de votre travail ou encore de votre compte en banque, tout émerge de ce fameux champ quantique, monde de l'infiniment petit, là où, dans un tourbillon, la matière et l'énergie sont interchangeables.

Étudier n'importe quel objet au microscope électronique nous propulse vite au fur et à mesure du grossissement dans la non-matière, là où tout n'est plus qu'énergie. On se rend alors compte que ce qui nous paraît solide est loin d'être solide mais toujours en mouvement, même si cela est imperceptible à nos cinq sens.

Se cogner douloureusement au coin de la table ne doit jamais faire oublier cette réalité appréhendée par la science, la matière n'est que de l'énergie ralentie.

Nous sommes alors dans le monde de l'infini petit, celui que l'on ne peut pas voir, le monde des quanta (un quantum étant 100 000 fois plus petit que l'atome).

Ce monde microscopique constitue la trame d'un vaste réseau d'énergies et d'informations qui s'exprime par la variété infinie de la création, intimement liée à notre conscience, à notre façon de percevoir les choses.

L'expérience de la découverte d'une rose
peut se vivre de deux manières bien différentes.
L'une se fera dans la douleur au travers de ses épines
et la beauté inouïe de cette fleur disparaîtra.
L'autre sera dans l'émerveillement
si l'on sait la regarder avec admiration.

Les notes complices
de notre couple

Cette page vous sert à noter ce qui vous passe par la tête à l'instant présent. Notez-y vos envies, vos souvenirs, vos idées, vos pensées. **Ensemble ou séparément.**

Les dessins complices
de notre couple

Cette page vous sert à dessiner ce qui vous passe par la tête à l'instant présent. N'importe quoi, un projet, une idée, une envie. Chacun à votre tour.
Faites-le avec une totale spontanéité en retrouvant votre âme d'enfant.

JE TE HAIS-ME

JE T'AIME... LAISSE-MOI DEVENIR...
L'OMBRE DE TON OMBRE, L'OMBRE DE TA MAIN...!
L'OMBRE DE TON CHIEN
JE N'AI PAS DE CHIEN!
QUI CROIS-TU A ENVIE D'AIMER L'OMBRE DE SON OMBRE?
merci au grand BREL pour cette chanson... pathologique

Chapitre 2

VIVRE QUANTIQUE À DEUX

Une option fabuleuse pour embellir votre relation

Nous pouvons être notre pire ennemi en développant une vibration de victime ou de perdant. Dans tous les cas, il est essentiel d'avoir à l'esprit que nous retrouvons l'équivalence de notre niveau vibratoire dans nos relations.

En arrivant à la porte de la ville, un voyageur s'enquiert du caractère de ses habitants. Un vieil homme lui demande à son tour, comment étaient les gens dans le pays d'où il vient. **« Antipathiques, incapables de venir en aide à personne... Je les maudissais »,** répond-il en maugréant. Le vieil homme soupire lui aussi et réplique : « Vous savez, ici, les gens sont exactement pareils. » Sur ces mots l'étranger fait demi-tour et s'en va.

Survient alors un homme qui souhaite s'installer dans le pays. Le vieil homme est encore là et il lui pose la même question : « Comment étaient les gens chez vous ? » L'homme s'empresse de dire qu'il a beaucoup aimé le pays d'où il vient. **« Il y avait une réelle amitié entre nous, ajoute-t-il, chacun cherchant à faire plaisir aux autres. »**

Le vieil homme sourit et lui dit : « Vous êtes le bienvenu, ce sera exactement la même chose ici. »

Personne ne peut faire en sorte qu'une personne l'apprécie, ou mieux l'aime. Cependant, il existe une chose qui est totalement sous notre maîtrise, c'est notre vibration.

Lorsque nous émettons une nouvelle vibration avec par exemple des pensées joyeuses, notre quotidien peut se transformer à l'unisson. L'évolution positive est inéluctable car nous retrouvons toujours le reflet de notre manière de penser, et donc de notre conscience sous la forme de circonstances.

Cette prise de conscience au quotidien change tout et pour cela, nul besoin d'être un spécialiste de la théorie quantique. L'important est de savoir que nous n'attirons pas ce que nous voulons mais ce que nous ressentons.

La vie répond toujours à notre vibration dominante. Quand on parle de dureté du destin, il faut simplement voir la réponse à un certain niveau vibratoire. Là où certains parlent de chance, il faut y voir une réponse logique au taux de fréquence vibratoire émis.

Dans le jeu quantique de nos vies, l'invisible précède toujours le visible, c'est une vérité incontournable même si parfois cela met un certain temps à se concrétiser.

La déception
ne provient jamais
de l'autre,
elle n'est que le reflet
de notre propre vision
et peut être transformée
en joie par notre ressenti
en quelques secondes.

Éric-Antoine Verheyden

La première chose à mettre en œuvre est donc de diriger délibérément notre attention sur nos désirs, la joie, le plaisir, l'harmonie et non sur ce que nous redoutons pour rejoindre le champ de nos plus belles possibilités.

Le problème est que la plupart d'entre nous n'ont pas besoin de voyantes pour nous lancer dans des prophéties auto-réalisatrices. Combien de fois sommes-nous piégés par des généralisations simplistes comme toujours, jamais, rien ou encore tout le monde qui nous maintiennent dans l'impuissance ?

Les médias sont très forts pour cela et excellent dans cet art de la manipulation à distance.

Heureusement, rien n'est figé dans le jeu quantique si nous changeons notre manière de penser et d'agir pour établir l'équivalence mentale de nos désirs.

Quel que soit le domaine, c'est toujours dans l'invisible que commencent nos grands changements

Il n'y a pas de limites à ce que nous pouvons créer en imagination. À tout moment, nous pouvons décider de reprogrammer notre cerveau.

La transformation passe par l'établissement d'une nouvelle vision libérée des peurs.

Le bonheur en amour, comme dans tout le reste, se vit d'abord en esprit. Notre monde matériel se construit d'abord dans l'invisible !

Ce que certains qualifieront de miracle ne sera que le résultat de l'émission d'une nouvelle fréquence, non plus placée sous le signe de la peur mais de la confiance dans l'accueil de la joie.

Prendre soin de soi en confiance…

… sans se soucier du manque

Un miracle qui s'explique

Il n'est plus possible d'ignorer aujourd'hui que nous sommes des émetteurs-récepteurs comme le démontre la science moderne. Nos pensées, nos émotions, nos croyances ont bel et bien un caractère magnétique et nous relient à des circonstances différentes selon la fréquence que l'on émet.

Puisqu'il existe une correspondance énergétique entre notre niveau de conscience et les conditions de notre vie, il est essentiel de construire l'équivalence mentale de ce que nous voulons être ou posséder.

Le pouvoir est dans le moment présent

Vous avez la liberté de choisir de construire quelque chose de nouveau. Parfois, on peut être tenté de se dire : cela je le sais déjà parce qu'on l'a lu ou entendu. Mais alors vous devez vous demander : qu'en ai-je fait ? La réponse est très simple, il suffit de regarder vos résultats.

Des couples s'emprisonnent dans des habitudes et restent ensemble aussi longtemps que la douleur n'est pas assez forte pour surmonter le désir d'être vrai, de manifester ; ils restent dans une zone de confort, même si celui-ci est plus que relatif, faisant ainsi un marché de dupe en ignorant leurs vrais désirs, refusant ainsi de prendre le risque d'être heureux.

Il suffit parfois de peu de choses pour être dans une meilleure énergie.

Des progressions spectaculaires peuvent avoir lieu à l'issue d'une rencontre amicale lors de l'écoute d'une musique ou à l'annonce d'une bonne nouvelle, mais tout cela repose sur des critères extérieurs et n'a, la plupart du temps, qu'un caractère éphémère.

Rayonner d'un niveau vibratoire élevé est une condition essentielle à la transformation de vos rêves en réalité.

Les circonstances que vous vivez, ainsi que la qualité de vos relations, sont, elles aussi, nées dans l'invisible.

Et si, puisque tout n'est que la concrétisation de notre monde intérieur, il suffisait tout simplement de changer notre manière de penser pour connaître le bonheur d'une vie de couple harmonieuse ?

L'amour est depuis trop longtemps relié à la souffrance dans l'inconscient collectif. Sans doute est-ce un peu la faute des poètes qui ont si souvent exalté une approche douloureuse du sentiment amoureux mais peu importe, la seule chose qui compte est d'échapper à cette programmation : amour = souffrance.

Oui, un autre regard est possible lorsque l'on comprend que nous sommes créateurs de notre réalité et qu'il est en notre pouvoir de faire de notre vie amoureuse la plus joyeuse des expériences quantiques.

Notre quotidien change quand nous changeons notre centre d'attention.

Des millions d'hommes et de femmes veulent la joie et l'amour et rencontrent pourtant l'inverse au quotidien parce qu'ils ne sont pas sur la bonne fréquence. Ils se laissent diriger par leurs émotions négatives et restent concentrés sur leurs manques.

Tant qu'ils n'adopteront pas un nouveau système de pensées qui tient de la nature vibratoire de l'Univers, et donc de notre faculté de changer d'énergie, ces couples resteront impuissants à se créer une existence pleine de satisfactions.

La loi du cercle

Une énergie, lorsqu'elle est lancée, se charge d'une énergie de même nature. Ainsi, une pensée négative ou positive, une fois qu'elle est émise, se nourrit de pensées de même nature et revient toujours vers son auteur.

L'observation de cette loi du cercle nous permet de comprendre que le fait de rabaisser une personne ne fera que la renforcer dans son supposé manque, tout en nous rabaissant par la même occasion.

Dans tous les cas, il est essentiel de comprendre que nous retrouvons toujours l'équivalence vibratoire dans les relations et circonstances que nous vivons.

La vie nous répond tel un écho de notre estime personnelle

Notre capacité à être heureux est donc un reflet certain de notre faculté à nous accepter tels que nous sommes. Elle est totalement indépendante de ce que nous voudrions être ou paraître.

L'absence d'estime de soi et le sacrifice de sa personnalité s'accompagnent souvent d'un manque d'énergie, d'une trop grande passivité et, en même temps, d'une peur de l'intimité.

Cela peut être très difficile pour une personne qui s'est toujours entendu dire depuis l'enfance qu'elle n'arriverait à rien, qu'elle n'était pas à la hauteur. À l'inverse, trop d'attente sur les épaules d'un enfant peut aussi l'amener un jour à douter et à se renier.

Pour parvenir à l'acceptation de soi, il faut commencer par renoncer au besoin d'être aimé de tous

Nombreux sont aussi celles et ceux qui sont mal à l'aise devant l'idée de mener une existence joyeuse tandis que tant de personnes vivent des difficultés. **La souffrance de l'un ne permet pas de résoudre la souffrance de l'autre ; il faut au contraire développer un comportement développé sur la joie et le respect, sur une capacité à satisfaire ses désirs tout en restant proche des autres.**

Même s'il est incontestable que ce à quoi nous donnons notre attention a tendance à se développer, c'est oublier un peu vite qu'en définitive le subconscient mène la danse.

Si toute votre vie, vous avez pensé que vous ne méritez pas d'être aimé·e, vous aurez beau placarder un top-modèle grandeur nature sur votre frigidaire pour le contempler à longueur de journée, il y a peu de chances que ce rituel l'attire dans votre cuisine.

Et quand bien même, cette charmante personne apparaîtrait par enchantement, il y a fort à parier qu'il ne resterait pas si vous portez toujours une peur d'être abandonné·e au plus profond de vous.

En fait, pour nous ouvrir au meilleur, notre intention est déterminante, mais ce n'est pas en pensant tout le temps à une chose qu'on l'obtient. Ce dont nous avons le plus besoin, c'est d'élever notre vibration en nous libérant du passé.

Ne soyez pas possessif

Les dessins complices
de notre couple

Cette page vous sert à dessiner ce qui vous passe par la tête à l'instant présent. N'importe quoi, un projet, une idée, une envie. Chacun à votre tour.

Faites-le avec une totale spontanéité en retrouvant votre âme d'enfant.

- Venez jusqu'au bord
- Mais nous pourrions tomber
- Venez jusqu'au bord
- Mais c'est trop haut !
- Venez jusqu'au bord !

Ils vinrent enfin.

Il les poussa et ils volèrent.

Christopher Logue

Une relation amoureuse pleinement satisfaisante ne repose jamais sur le désir de combler un manque mais sur l'envie de donner.

Les notes complices
de notre couple

Cette page vous sert à noter ce qui vous passe par la tête à l'instant présent. Notez-y vos envies, vos souvenirs, vos idées, vos pensées. **Ensemble ou séparément.**

Chapitre 3

LE JEU QUANTIQUE N'EST JAMAIS FIGÉ DANS LE COUPLE

Vos cerveaux guident votre vie sentimentale

Enfant, il n'existe qu'une seule façon d'apprendre : en imitant. Nous touchons là le fondement de toutes les programmations dans la mécanique créative de notre vie.

Il en sera ainsi jusqu'au moment où l'on décidera de se libérer du passé.

Vous a-t-on fait croire qu'il était dangereux d'exprimer ses sentiments ?

Ne vous étonnez pas si le jour où vous êtes enfin autorisé·e à dire que vous étiez délaissé·e, il sera beaucoup trop tard.

Vous a-t-on dit qu'être seul·e est la pire des souffrances ?

Ne vous étonnez pas d'avoir parfois accepté l'inacceptable dans votre relation.

Vous a-t-on fait croire que, dans un couple, il faut savoir s'oublier ?

Ne vous étonnez pas de ne pas avoir su poser vos limites.

Vous a-t-on fait croire qu'il est dangereux de montrer votre vulnérabilité ?

Ne vous étonnez pas d'accumuler les relations qui vous déçoivent.

Vous a-t-on fait croire que la relation à l'argent était difficile ?

Ne vous étonnez pas d'être avec un partenaire pour lequel vous n'avez plus d'affinités, après tout, c'est plus facile de boucler les fins de mois à deux.

Le problème de notre extraordinaire cerveau est que nous sommes capables d'accepter des informations externes et d'en faire des vérités simplement parce que nous les avons écoutées. Même si elles sont fausses, archifausses, une fois que notre subconscient les accepte, elles dirigent notre vie.

Comment fonctionne votre esprit ?

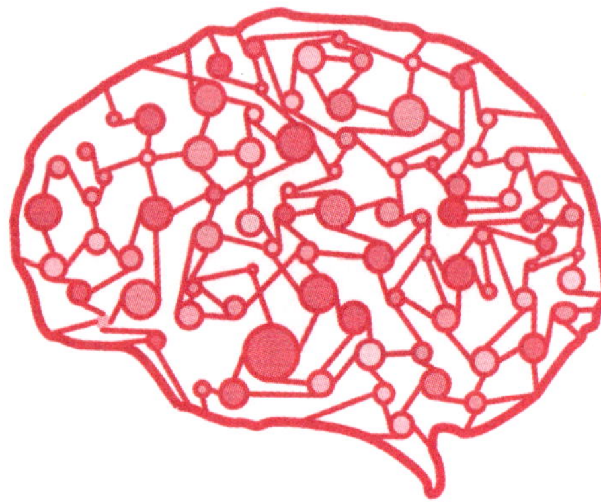

L'ensemble de votre corps est constitué de cellules, celles qui composent votre cerveau s'appellent des neurones ou des cellules cérébrales.

À l'instar du paysan qui laboure son terrain, votre cerveau creuse des sillons et établit des liens entre ses cent milliards de neurones qui sont connectés par un système électrique et biochimique.

Tout comme le disque dur d'un ordinateur, le cerveau est destiné à être programmé et son circuit bioélectrique fonctionne grâce aux synapses qui véhiculent l'information.

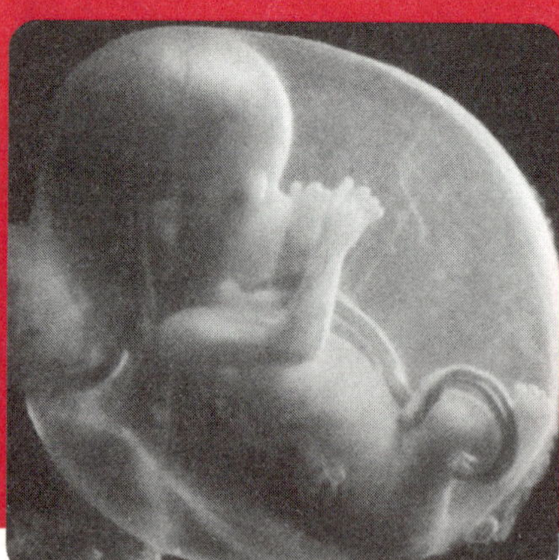

À la naissance, votre cerveau commence à engranger des informations, ce sont les premiers éléments qu'il grave sur son disque dur : les couleurs, les formes, les sons, les mouvements...

L'influence du cerveau sur votre réalité

Le scénario de votre vie n'est que le résultat d'une suite de programmes mentaux. Votre cerveau n'est qu'un exécutant d'instructions. On peut le comparer à un circuit électrique qui fonctionne en 4 phases :

1. **Incompétence inconsciente**
2. **Incompétence consciente**
3. **Compétence consciente**
4. **Compétence inconsciente**

Une fois que le programme mental aura atteint la phase de compétence inconsciente, il sera capable de se déclencher sans votre contrôle.

Puis, au fil du temps, le téléchargement d'un programme mental, lié à une situation ou un événement, se fera de plus en plus rapidement et simplement grâce à quelques détails qui alerteront le cerveau qui ira prélever le programme mental sur son disque dur, exactement comme le fait un ordinateur.

Ces instructions d'utilisation seront gravées selon un processus d'émotion et de répétitivité.

Une fois enregistrés et validés, ces programmes ne seront plus remis en question et ne feront que se renforcer au fil des années. Il deviendra compliqué de les identifier et de les maîtriser, même à force de volonté.

Quel scénario se développe dans votre esprit ?

Nous avons tous, un jour ou l'autre, eu la prémonition qu'un certain événement allait se produire. Dans notre esprit, c'est comme s'il s'était déjà produit. L'histoire a donc bel et bien commencé dans l'invisible.

Qu'en est-il du film dans votre esprit ? Avez-vous réellement envie de le voir s'imprimer un jour sur l'écran de l'espace ? S'il vous fait craindre l'avenir, il est temps de changer radicalement votre manière de penser.

Les circonstances que nous pouvons vivre ne sont donc, pour l'immense majorité, que la conséquence d'une manière de penser et, aussi longtemps que l'on ne veut y voir que des causes, on se condamne à l'impuissance. **Soyez conscient que c'est vous qui avez écrit le scénario de ce qui vous arrive, personne d'autre.**

Vous avez peut-être fait une croix sur l'idée de réussir votre vie de couple.

N'en restez pas là, ayez toujours à l'esprit que rien n'est figé pour autant que l'on cesse de se fixer sur une situation.

Ne perdez pas votre temps dans les regrets ou à blâmer les circonstances mais décidez d'apprendre à jouer avec l'invisible en cultivant des pensées joyeuses et en imaginant les résultats que vous souhaitez.

Épanouissez-vous ensemble

C'est alors que le miracle se met en place, ces informations basiques vont se mettre à échanger, partager et littéralement travailler toutes ensemble pour construire des concepts de plus en plus complexes et élaborés.

Si c'est de couleur rose et que la forme est ronde, si cela sent bon le jasmin ou la lavande et si la voix est douce et tendre, alors c'est ma maman qui s'approche de moi.

Cet ensemble d'informations va alors s'inscrire dans notre réseau de synapses et notre circuit électrique va définitivement intégrer et préserver celles-ci.

Il s'agit d'un programme mental qui permettra au cerveau d'identifier automatiquement une personne, une situation, un événement, sans ne plus devoir considérer les différents paramètres qui le composent.

Il n'est jamais trop tard pour changer nos conditionnements

Heureusement, le jeu quantique n'est pas figé, il n'est jamais trop tard pour mettre un terme à nos conditionnements.

On sait aujourd'hui que la génétique y intervient fort peu, 2 % d'après les travaux du Dr. Bruce H. Lipton à l'autorité incontestée dans le domaine de la biologie cellulaire.

Pour le reste, soit 98 %, nous possédons trois sources possibles :

❶ Source visuelle

Ce que nous avons vu, la façon dont nos parents se comportaient, manifestaient leurs sentiments.

❷ Source auditive

Les paroles de notre entourage, les ragots, les « on-dit », les bruits de clochers.

❸ Source expérimentale

Lorsque nous avons vécu un événement fort, positif ou négatif, il laisse une empreinte nous incitant à agir de manière similaire, même si c'est inapproprié, lorsqu'une situation identique se présente.

Tout cela ne doit pas faire oublier, que c'est nous et nous seuls qui sommes responsables de ce que nous en faisons. C'est là que se joue la différence entre ceux qui prennent leur destin en main et ceux qui vont s'installer très vite dans le renoncement.

L'état d'éveil

Accordez une attention totale à chacun de vos gestes en étant présent lors d'une action.

Si vous vous lavez les mains, faites-le avec plaisir et sensualité.

Observez le bruit de l'eau et profitez de la sensation de son contact avec votre peau, du mouvement de vos mains, du parfum du savon ou de l'huile et remerciez aussi l'Univers de ce moment béni.

En buvant un jus d'oranges fraîchement pressées, ayez une pensée pour les gens qui cultivent les oranges, tout en visualisant les orangeraies sous un soleil rayonnant.

Soyez conscient, au moment où le liquide traverse votre gorge, du bonheur que vous avez de pouvoir vous abreuver de ce nectar et soyez en état de gratitude face à l'Univers qui vous offre ce moment, soyez présent en étant en état de vigilance et de gratitude par rapport à ce qui vous est offert…

Travaillez chacun sur vous-même

Et si...

au lieu d'imaginer

le pire chaque soir,

votre couple

se préparait ensemble

au meilleur ?

Éric-Antoine Verheyden

Les notes complices
de notre couple

Cette page vous sert à noter ce qui vous passe par la tête à l'instant présent. Notez-y vos envies, vos souvenirs, vos idées, vos pensées. **Ensemble ou séparément.**

Chapitre 4

LE TAUX VIBRATOIRE DE VOTRE COUPLE

Comment élever votre niveau vibratoire ?

Une succession d'épreuves dans un domaine comme celui du couple peut vite faire penser que le destin est contre soi. Il est facile, en effet, de céder à ce genre de raisonnement quand la vie semble nous présenter toujours le même problème.

Encore une fois, il faut avoir à l'esprit que nos difficultés ne font que révéler l'émission persistante d'une basse vibration. Les problèmes à répétition n'échappent pas à cette règle. La femme qui se sépare d'un personnage violent ou alcoolique s'attirera bien souvent un compagnon avec les mêmes travers si elle n'élève pas son niveau de conscience.

Refuser la tentation de se poser en victime

Créez de nouvelles connexions

dans votre cerveau

Mais il ne peut y avoir de vrai changement, sans ce passage de la position de victime à celle de responsable. Nous sommes les premiers à nous attribuer le mérite de ce qui est positif dans notre vie mais avons d'ordinaire beaucoup plus de difficultés à reconnaître une quelconque responsabilité dans la survenue d'un problème. Il est tellement plus facile de s'en prendre à l'extérieur.

Devenir responsable ne signifie pas se sentir coupable, ce qui n'améliorerait en aucun cas notre vibration, mais cela signifie développer une capacité à répondre avec habileté. C'est à ce prix et seulement à ce prix qu'il est possible de commencer à découvrir votre pouvoir de créer.

La répétition, clé essentielle pour se libérer de la négativité

Le temps où l'on pensait que tout se jouait avant l'âge de six ans est fort heureusement révolu. **Le réseau neuronal se modifie toute notre vie et il le fera d'autant plus constructivement que nos repères seront dans la joie.**

La répétition est une des clés essentielles pour la création de programmes mentaux aptes à vous libérer de la négativité et faire de vous une personne capable de se connecter naturellement au meilleur.

Pour apprendre un nouveau mot, il faut un choc émotionnel qui marque la mémoire mais il suffit aussi simplement de se le répéter un certain nombre de fois.

Des affirmations bien choisies peuvent marquer le début d'une nouvelle vie, comme par exemple :

« Je cultive une magnifique relation »

« Ma vie de couple est remplie d'harmonie »

« Je m'aime et j'ai des relations pleines d'amour »

La capacité de se projeter dans le futur est un autre pouvoir extraordinaire des humains quand ils l'utilisent positivement. Notre cerveau ne fait aucune différence entre le réel et l'imaginaire. Rien n'est plus puissant que de se projeter dans un futur heureux pour activer votre cerveau et développer de nouveaux scénarios qui vont imprégner le champ des possibles.

On comprend alors toute l'importance de ne jamais faire un arrêt sur image pour une situation qui vous a bloqué.

La dernière contrariété ou un comportement qui vous a déplu chez l'autre peuvent ainsi tourner en boucle et devenir une obsession, préparant l'émergence d'un incident de même nature. Les gens réagissent principalement en fonction de ce que l'on attend d'eux.

Si vous avez pendant longtemps saboté votre capacité à construire un couple harmonieux, profitez-en pour installer maintenant un nouveau rituel dans votre vie en vous visualisant dans une relation idéale.

L'échelle de conscience de l'humanité

David Hawkins, docteur en médecine, psychiatrie, philosophe et auteur-conférencier, a coécrit plusieurs ouvrages sur la psychiatrie, la spiritualité, parmi lesquels la trilogie « Pouvoir contre Force ». **À l'âge de 3 ans, il est imprégné d'une importante révélation : IL EST.**

Il prend alors conscience qu'il ne peut pas NE PAS ÊTRE et nomme cette expérience l'éveil instantané de l'oubli dans une conscience d'EXISTER. En 1939, il vit une expérience de mort imminente (NDE : *Near Death Experience*), qui l'affranchit définitivement de la peur de la mort. Il déclarera à cet égard : « J'ai perdu la religion, mais retrouvé la spiritualité. »

Hawkins est le premier à établir une classification des niveaux de conscience de l'humanité tout entière. L'échelle de conscience de l'humanité est un puissant levier de montée en conscience et en énergie vibratoire.

À savoir

L'échelle de Hawkins

Il s'agit d'une évaluation des fréquences que nous émettons lorsque nous ressentons les émotions. Plus la vibration est basse, plus on est mal, plus la fréquence est haute, plus le bien-être s'affirme. Selon Hawkins, le monde dans sa globalité évolue dans la fréquence du courage, vibration moyenne de 200 Hz. Il est important de considérer qu'un seul être vibrant à 500 Hz (l'amour) peut élever la vibration de 750 000 personnes qui ne serait que de 200 Hz !

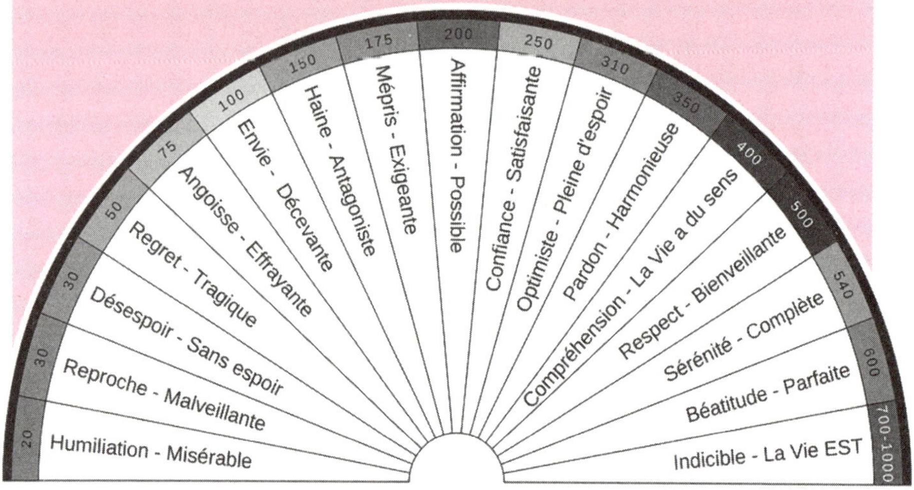

En pratique EXERCICE À 2

Évaluez le taux vibratoire de votre couple

Vous pouvez chacun vous servir de l'échelle de conscience de Hawkins simplement en la gardant à l'esprit. L'émotion n'est qu'un message de notre inconscient, il est utile de la ressentir, mais pas de rester dans l'émotion en la nourrissant. Et dans le domaine de l'inconscient, la volonté et l'intention font tout !

Chaque fois que l'un de vous se sent en colère, dites-vous que c'est un simple message et qu'il est inutile de vous maintenir dans cette colère. Demandez-vous comment tirer le meilleur de ce qui vous arrive.

Niveau	Fréquence vibratoire	Type d'émotion	Ressenti de la Vie
Illumination	700 à 1000 Hz	Inexprimable	**La Vie EST**
Paix	600 Hz	Béatitude	Parfaite
Joie	540 Hz	Sérénité	Complète
Amour	500 Hz	Respect	Bienveillante
Raison	400 Hz	Compréhension	La Vie a du sens
Acceptation	350 Hz	Pardon	Harmonieuse
Volonté	310 Hz	Optimisme	Pleine d'espoir
Neutralité	250 Hz	Confiance	Satisfaisante
Courage	200 Hz	Affirmation	Possible
Fierté	175 Hz	Mépris	Exigeante
Colère	150 Hz	Haine	Antagoniste
Désir	100 Hz	Envie	Décevante
Peur	75 Hz	Angoisse	Effrayante
Peine	50 Hz	Regret	Tragique
Apathie	30 Hz	Désespoir	Sans espoir
Culpabilité	25 Hz	Reproche	Maveillante
Honte	20 Hz	Mésestime de soi	Misérable

Gardez cette échelle de conscience à l'esprit en tentant de vous maintenir à une vibration de 500 Hz, dans l'émotion d'amour et de respect envers soi et envers votre partenaire. Vous constaterez que plus chacun de vous vibrera haut, plus votre couple sera dans l'épanouissement.

20 Le niveau vibratoire de la HONTE

Ce niveau, le plus bas dans l'échelle, submerge toute mon identité, dans l'abandon total de moi. Il n'y a rien de pire sur terre qu'un homme persuadé d'être mauvais, de se considérer comme une « non-personne » submergée par la honte d'être. C'est le niveau de la haine, de la profonde accusation et de la totale destruction de soi. L'individu souffre tellement qu'il peut devenir paranoïaque ou commettre un crime. Ce niveau est dangereusement proche de la mort, c'est une forme de suicide conscient par le refus d'adopter les mesures indispensables au prolongement de la vie.

30 Le niveau vibratoire de la CULPABILITÉ

Le sentiment de culpabilité est une agression dirigée vers moi-même, me rendant responsable d'une situation ou d'un sentiment que je ne peux ni influencer, ni modifier. Prenant l'habitude de comparer mes actions réelles à mes idéaux utopiques, je développe une relation malsaine avec moi-même et je m'auto-manipule ou je me laisse manipuler par d'autres personnes qui me suggèrent la culpabilité. Induisant la rage et la colère, ma culpabilité s'exprime souvent par des intentions meurtrières.

50 Le niveau vibratoire de l'APATHIE

Niveau de dépression caractérisé par le sentiment d'impuissance et le manque de vitalité physique. C'est un état de résignation et d'absence d'énergie. C'est le niveau vibratoire de la perte d'espoir, dans lequel vivent les personnes sans abri ou les personnes malades ou très âgées. Si l'énergie ne me revient pas, c'est la mort ou le suicide qui s'ensuit.

75 Le niveau vibratoire du CHAGRIN

La mort d'un proche, un divorce ou une séparation douloureuse me projette dans ce niveau vibratoire pour faire mon deuil. Le lien d'attachement étant rompu, j'atteins alors le niveau de la tristesse, de l'absence et de la dépendance à l'autre. Cette perte émotionnelle peut provoquer une dépression profonde et me conduire vers la mort.

100 Le niveau vibratoire de la PEUR

La vraie peur peut être réelle face à un danger imminent, m'informant ainsi de me mettre à l'abri. La peur peut aussi être imaginaire et émotionnelle. La peur est un instrument qui gouverne le monde, poussant à consommer des médicaments, à contracter des assurances-vie ou à posséder des richesses matérielles. La peur est nourrie tout le temps, partout et peut devenir obsessionnelle. De l'anxiété profonde, en passant par les apparitions de panique et de terreur, la peur me tétanise et me limite. L'énergie intérieure ou l'aide extérieure sont les deux moyens pour vaincre la peur.

125 Le niveau vibratoire du DÉSIR (Envie)

Le niveau vibratoire où a priori il fait bon vivre. L'énergie est disponible et il me faut de l'énergie pour vouloir. La société me pousse à y rester, à consommer, à avoir tout le temps envie de quelque chose. C'est le niveau des « je veux, je veux encore et je veux toujours plus ». Les banques, la publicité et l'économie globale ont intérêt à ce que j'aie des envies en permanence, pour que je dépense sans cesse pour assouvir mes envies. Le désir de l'approbation sensuelle et sexuelle a produit toute une industrie de mode et de convoitise. Le niveau d'addiction de consommer prend le pas sur ma vie intérieure. Les victimes du désir peuvent être inconscientes de leurs motivations. La consommation compulsive en faisant du shopping, c'est la thérapie du désir.

150 Le niveau vibratoire de la COLÈRE

La colère me renseigne que quelque chose ne va pas comme je le voudrais. Alors j'use de la force pour changer ma réalité. Si la pratique me démontre que la situation ne change pas vraiment, j'y ajoute de la vengeance, lorsqu'il y a un trop-plein de colère. Pour me soulager. Cela me conduit à des séparations, des abus, du vandalisme et parfois à des homicides. La colère n'est pas proche de la mort, elle pousse à tuer mais pas à mourir. Lorsque je sors de l'apathie et du chagrin, lorsque

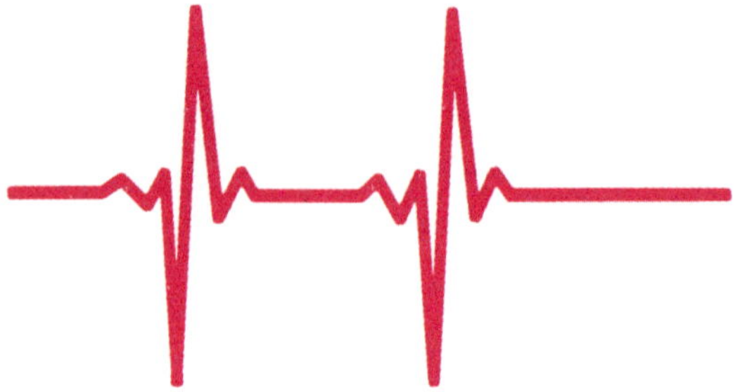

j'ai enfin dompté ma peur, les désirs commencent à arriver, et si les désirs ne sont pas assouvis, c'est la colère qui monte. Elle provient toujours d'un désir frustré, menacé. La frustration est le fruit de l'exagération de l'importance de mes désirs.

175 Le niveau vibratoire de l'ORGUEIL

L'orgueil est le sentiment exagéré de sa propre valeur. Une hypertonie du MOI, le narcissisme révélateur d'un vide qui cherche à être comblé. On peut le résumer par ces phrases : Je suis mieux que toi, je suis meilleur que toi, je vaux plus que toi. J'ai réussi à faire mieux et plus que toi. Me comparer discrètement en silence, ou me vanter publiquement correspond à de la vanité. Quand on atteint ce niveau, j'ai l'impression de me sentir bien si je compare mon état à ceux qui évoluent dans des niveaux inférieurs. J'ai le sentiment d'avoir réussi et je cours après le pouvoir et la puissance. Qu'est-ce que je cherche à camoufler ? Le vide, la douleur intérieure d'avoir subi des comparaisons à mon désavantage, une dévalorisation. C'est une illusion de bonheur.

200 Le niveau vibratoire du COURAGE

Je suis responsable de tout ce qui m'arrive dans la vie. Responsable mais non coupable. La cause de mes problèmes ne provient plus de l'extérieur et je suis responsable de mon propre bonheur. Le niveau du courage sépare les énergies négatives des énergies positives. C'est le véritable pouvoir, le pouvoir de transformer tout ce qui m'arrive. C'est le niveau de détermination. Sous le niveau du courage, le monde est considéré comme sans espoir, triste, effrayant, frustrant. Une fois le niveau du courage atteint, la vie est considérée comme pleine de défis, stimulante et passionnante. Le courage implique la volonté d'essayer quelque chose de nouveau, de relever le défi de la vie en sortant de sa zone de confort. Je comprends que les gens qui sont à ce niveau restituent au monde autant d'énergie qu'ils en prennent. Le progrès commence ici.

250 Le niveau vibratoire de la NEUTRALITÉ

Je fais et je réussis. Si je ressens la colère, je descends. Si je me dis que je fais de mon mieux chaque jour, que peut-être que je n'ai pas réussi aujourd'hui, mais je peux le faire différemment, il n'y a plus de déception. Il y a une montée en énergie positive. Être neutre, cela veut dire être détaché du résultat. « Je n'ai pas décroché ce poste dans cette entreprise ? Ce n'est pas grave, j'en aurai un autre ». Quelles solutions n'ai-je pas encore tentées ? En évoluant dans le niveau de neutralité nous sommes en phase, sans avoir rien à prouver aux autres, en étant fiables, convaincus que le monde est sans danger en adoptant la posture « Je vais bien et les autres aussi ».

310 Le niveau vibratoire de la BONNE VOLONTÉ

J'agis instinctivement et je me mets en mouvement, sans réfléchir pendant des heures. C'est le niveau de vibration élevé, je peux construire des empires en étant dans cet état vibratoire. La croissance est fulgurante et l'esprit est de plus en plus ouvert à mettre en place toutes ces idées. Cette fois, je travaille, je me lève tôt avec une belle humeur, je cours pour réaliser plein de nouveaux projets, je vole comme un oiseau pour les atteindre, tout cela avec un plaisir total. Mon estime de moi est élevée, renforcée par l'action. Mon enfant intérieur s'épanouit et devient de plus en plus créatif. Je bâtis mon bonheur, en abandonnant l'orgueil et en prenant en compte mes points faibles, tout comme mes points forts. J'apprends des autres, de la vie et de l'Univers.

350 Le niveau vibratoire de l'ACCEPTATION

Tout le monde a raison et chacun a sa vérité. Chacun a raison selon sa propre raison. Je suis à la fois la source, la création et l'expression de la vie. L'acceptation permet l'engagement dans la vie selon mes propres conditions, sans essayer de la rendre conforme à une volonté ou à un programme. Dans l'acceptation, Je ne m'intéresse plus à la précision du vrai ou du faux, du juste ou de l'injuste, mais à la solution des problèmes. Le niveau d'acceptation est dépourvu d'intolérance, avec la prise de conscience que l'égalité n'exclut pas la diversité.

400 Le niveau vibratoire de la RAISON

Une fois les émotions évacuées, je me rappelle que mon cerveau dispose de milliards de synapses et de connexions neuronales qui ne sont pas exploitées à leur plein potentiel. L'intelligence peut alors prendre le dessus et la raison est capable de manier de vastes données et m'aider à prendre des décisions rapides. La connaissance, le savoir, mais aussi l'éducation sont considérés ici comme prioritaires. 400 est le taux de fréquence vibratoire des prix Nobel, des philosophes, des grands hommes comme Léonard de Vinci, Freud, Einstein qui avaient tous un temps d'avance sur leur époque. L'intellectualisation n'est pas le palier le plus élevé et ceux qui l'ont compris peuvent monter encore plus haut. La raison n'est pas un guide si elle ne conduit pas mon cœur. La raison peut même être un obstacle pour accéder à des états supérieurs.

500 Le niveau vibratoire de l'AMOUR

Il ne s'agit ni d'amour maternel, ni du sentiment que quelqu'un va prendre soin de nous pleinement. Cet amour m'était donné à condition d'être gentil, de ne pas pleurer, ne pas crier, de bien manger, d'obéir ou d'être discipliné à l'école (programme mental culturel et éducatif). Le niveau vibratoire 500 est caractérisé par le développement de l'amour inconditionnel et permanent. Immuable, sa source ne dépend pas de facteurs extérieurs. Aimer est un état d'être. C'est un rapport différent au monde, stable, non intellectuel. Il émane de mon cœur et dégage de la compassion. Les motivations ici sont pures et guidées par une force indescriptible. Le niveau de la raison est transcendé, Hawkins prétend que ce niveau n'est atteint que par une personne sur 250 en l'espace d'une vie entière. On peut atteindre ce niveau et même le provoquer. Avec un peu d'entraînement, l'intuition devient systématique, me donnant ainsi le pouvoir de tout comprendre en ressentant mon unité avec tout ce qui m'entoure.

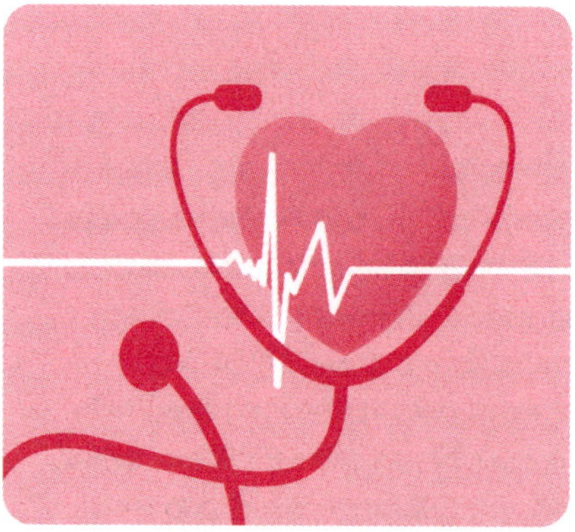

540 Le niveau vibratoire de la JOIE

Plus l'amour devient inconditionnel, plus il est éprouvé comme une joie intérieure, constante, dans un état de bonheur imperturbable. C'est le niveau des maîtres spirituels avancés. Ceux qui ont atteint ce niveau d'énergie boostent infiniment les autres.

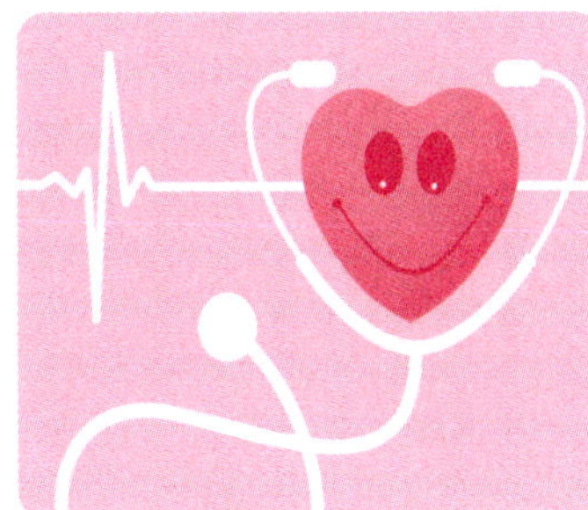

C'est une attitude particulière, elle attire tel un aimant. Le monde semble fabuleux et parfait, tout se déroule sans effort et j'observe les phénomènes de guérison miraculeuse. Des personnes en thérapie, ayant atteint cet état, se sont soudainement levées pour se reconnecter, comprendre et transcender, en vivant des révélations intérieures incroyables.

600 Le niveau vibratoire de la PAIX

Il existe très peu de mots pour décrire cet état vibratoire : transcendance, autoréalisation ou conscience du Créateur. Le champ d'énergie y est tellement puissant. Il est Amour, on y aime tout et tout le monde, le moindre brin d'herbe, les insectes, les arbres et même nos pires ennemis. La religion dogmatique est remplacée par la spiritualité pure. Reconnues comme inspiratrices et intemporelles, les grandes œuvres d'art, musicales, picturales ou architecturales sont réalisées à partir de cet état et nous élèvent temporairement vers des niveaux vibratoires très élevés. Hawkins prétend que ce niveau n'est atteint que par un individu sur dix millions. Pour en citer quelques-uns : le dalaï-lama, Mère Teresa, l'Abbé Pierre, Platon ou Confucius.

De 700 à 1000 Le niveau vibratoire de l'ILLUMINATION

Il s'agit du niveau le plus haut, celui atteint par les grands maîtres spirituels. L'inspiration est d'une puissance inouïe et les champs d'énergie mis en place peuvent influer sur toute l'humanité. Il n'y a plus d'évocation d'un Moi séparé des autres mais bien d'une identification du Soi, d'une relation de notre Être intérieur avec la Conscience et la Divinité. Il s'agit du sommet de l'évolution de la conscience dans le monde humain, atteint par Krishna, Bouddha et Jésus. Le simple fait de penser à ces personnages peut élever notre taux vibratoire de manière importante.

Il y avait une rose
Une belle rose toute rose
C'était une fine rose
Une fine rose toute rose
Une rose bleue de ciel
Et jaune de soleil

Une rose de saison
Saison d'un bonheur
Une rose de passion
Passion d'une saveur

Il y avait une rose
Une belle rose toute rose
Il y avait une rose
Une belle rose...
... tout comme toi

Éric-Antoine Verheyden

Évoluer en fréquence vibratoire

Tous les phénomènes de l'Univers, et donc de la vie, vibrent selon une gamme de fréquences très large. L'animal, le végétal, le minéral, l'être humain évoluent chacun dans des taux vibratoires bien précis.

Un livre ou une chaise sont eux aussi des champs de particules en mouvement permanent, même s'ils apparaissent comme des objets solides à cause de la lenteur de leur mouvement vibratoire. Tout comme l'ensemble des objets qui l'entourent est composé de vide à… 99,99999 %.

Le noyau d'un atome est en effet 100 000 fois plus petit que l'atome lui-même. Tout le reste n'est que vide.

Le corps physique, que nous pensons être solide, n'est donc qu'une émulsion vibratoire, en expansion constante, constituée de 0,000001 % de particules qui sont elles-mêmes des champs concentrés d'énergie.

Les vibrations émises par l'Univers et par les êtres humains

Notre univers entier est empli de champs d'énergie et de vibrations. Nous sommes constamment, notre environnement et nous-mêmes, affectés par les vibrations de chacun, puisque nos pensées ne sont qu'énergie et vibrations. En vérifiant certains paramètres, la qualité de n'importe quel lieu peut être mesurée, à savoir son niveau vibratoire, son magnétisme ambiant, sa forme spectrale, et le rapport entre l'Univers et les énergies terrestres. Ces différentes mesures peuvent être effectuées en utilisant un pendule magnétique.

C'est en créant ces attirances ou ces aversions que les vibrations émises tissent une gigantesque toile invisible, la toile suprale. **La Terre observe un taux de vibration naturelle de 7,83 Hz (Hertz), appelé la Résonance de Schumann.**

Depuis 2014, ce taux a grimpé à 8,5 Hz avec des pics allant jusqu'à plus de 16 Hz. Les neuropsychologues appellent la plage de vibrations qui oscille entre 12 et 15 Hz la fréquence du rythme sensorimoteur.

Le cerveau humain se retrouve alors dans l'état alpha dans un état de calme éveillé.

Le stress, la maladie, l'alimentation industrielle, la peur, l'angoisse, la morbidité, les addictions telles que l'alcool ou la drogue peuvent contribuer à faire baisser notre taux vibratoire pour nous emmener dans des vibrations disharmonieuses et ainsi nous empêcher d'atteindre l'équilibre et influer sur notre bien-être et notre paix intérieure.

Les notes complices de notre couple

Cette page vous sert à noter ce qui vous passe par la tête à l'instant présent. Notez-y vos envies, vos souvenirs, vos idées, vos pensées. **Ensemble ou séparément.**

Une alimentation saine améliore votre taux vibratoire et vos relations de couple

La zone d'équilibre du taux vibratoire se situe entre 7 000 et 10 000 unités Bovis (du nom de son inventeur, le radiesthésiste français, Alfred Bovis).

Ces dernières années, ce taux se situe plutôt aux alentours de 12 000 UB, provoquant ainsi une plus grande ouverture à l'état d'éveil et à la vigilance.

Adopter une alimentation bio permet d'adopter un taux vibratoire allant de 10 000 à 12 000 UB, tandis que se nourrir via **l'alimentation industrielle nous maintient dans une fréquence nettement plus basse, de l'ordre de 6 000 à 7 000 UB.**

Boire de l'eau énergétisée permet aussi d'augmenter son taux de fréquence vibratoire.

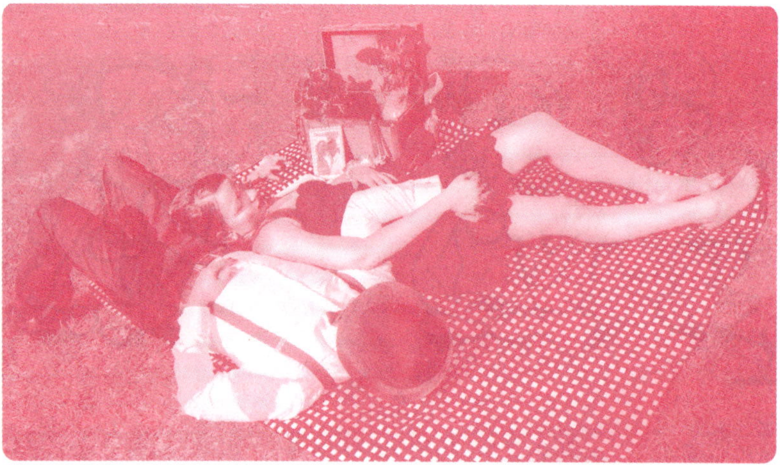

Élevez vos vibrations...

... en ouvrant votre cœur

Le taux vibratoire de la Terre et de ses occupants

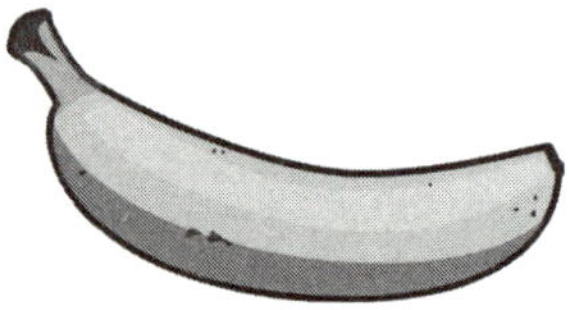

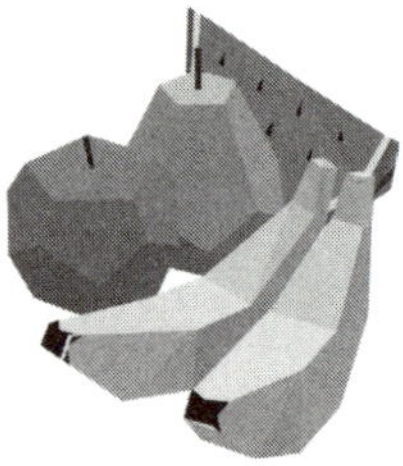

Tout ce qui naît, évolue et meurt est vivant. TOUT ce qui existe, qu'il s'agisse de plantes, d'animaux, de minéraux ou d'êtres humains, y compris les objets inanimés, est composé d'énergie. L'énergie se transmet et se mesure en vibrations. **Le son et la lumière possèdent des vibrations qui leur sont propres, tout comme un être vivant, un légume, une chaise ou un lieu.**

Le taux vibratoire (TV) est la mesure du taux de qualité de cette énergie, la fréquence vibratoire. La géobiologie est la science qui étudie l'évolution de la Terre en tant qu'organisme vivant et observe les influences des ondes cosmiques et du rayonnement de la Terre sur toutes les autres composantes de l'Univers. Cette énergie (ou taux vibratoire) se mesure en unités Bovis (UB).

LES DIFFÉRENTS TAUX VIBRATOIRES DANS LA NATURE

Les minéraux possèdent un TV (taux vibratoire) en harmonie avec celui du sol duquel ils proviennent, les bovins un TV proche de 4 000 UB. Pour les carnassiers, il se situe aux alentours de 12 000 à 16 000 UB, tandis que celui des oiseaux grimpe à plus de 27 000 UB, tout comme celui des chevaux. En ce qui concerne les végétaux, le TV varie selon les espèces et augmente suivant leur évolution. Les très vieux arbres, datant de plusieurs siècles, peuvent afficher des TV dépassant les 100 000 UB.

Les dessins complices
de notre couple

Cette page vous sert à dessiner ce qui vous passe par la tête à l'instant présent. N'importe quoi, un projet, une idée, une envie. Chacun à votre tour.

Faites-le avec une totale spontanéité en retrouvant votre âme d'enfant.

À faire aujourd'hui au sein de votre couple

- Souriez-vous
- Laissez glisser toute pensée négative
- Remplacez-la par une intention positive
- Caressez votre chat
- Promenez votre chien à deux
- Scrutez le ciel ensemble
- Enlacez-vous en forêt près d'un arbre
- Cessez d'avoir peur
- Prenez le temps de rêver à deux
- Attendez-vous au meilleur
- Remerciez l'Univers

Connectez-vous à vos désirs

Chapitre 5

L'AMOUR ACCOMPLI

La clé de la réussite du couple s'actionne de l'intérieur

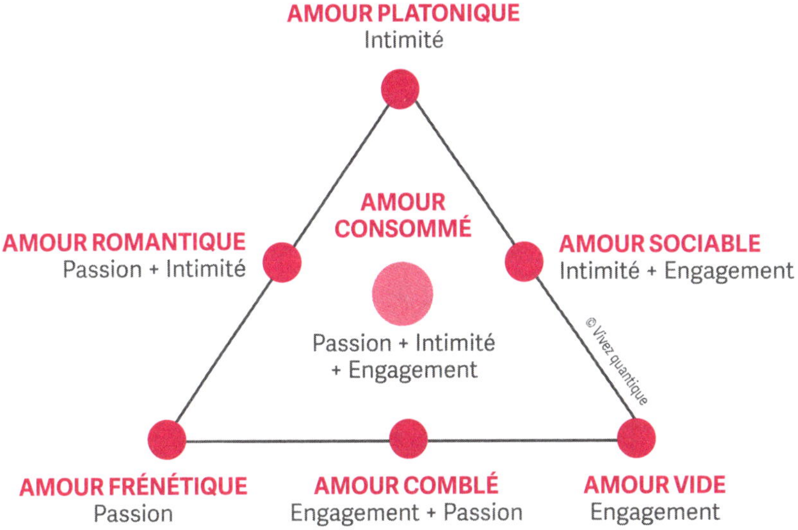

La clé de la réussite du couple est en chacun de vous deux et elle ne peut ouvrir la porte de chacun·e que de l'intérieur.

C'est donc bien votre Être intérieur qui donnera le tour de clé à chaque fois pour donner accès à l'autre. Pour construire dans un couple, il est indispensable que chacun ouvre sa porte à l'autre.

Pour qu'un couple soit solide, il faut que, comme pour une maison, ses fondations soient robustes. À la base, chacun a ses valeurs, son histoire, ses projets, ses envies… Former un couple nécessite de partager ses désirs.

L'Amour repose sur trois composantes que le psychologue Sternberg a schématisées sous la forme d'un triangle de l'Amour. Ces trois composantes sont l'intimité, la passion et l'engagement. La réunion des trois provoque alors l'Amour accompli, parfois aussi appelé l'Amour consommé.

❶ L'intimité

C'est le lien affectif qui décrit le rapprochement avec l'autre. Il s'agit bien de l'ouverture à l'autre et du partage de ses émotions, de ses valeurs, de sa sensibilité et de ses rêves avec le partenaire.

Ce sentiment de proximité va créer une sensation de confort et de familiarité, donc de l'empathie. L'intimité repose sur le respect et la confiance et permet ainsi à chacun d'ouvrir sa porte à l'autre en toute transparence, dans l'estime et le respect de l'autre.

❷ La passion

C'est le lien physique, le désir et l'attirance qui conduisent vers l'excitation physiologique. Elle est très puissante au début de la relation, c'est le coup de foudre ou l'état amoureux, et risque de s'estomper au fil du temps.

C'est elle qui provoque et alimente l'attrait physique et nourrit la relation sexuelle. Il s'agit bien d'une pulsion de vie, et donc d'une osmose de fréquences vibratoires, un peu comme un feu qui réchauffe et éclaire le couple.

❸ L'engagement

C'est la volonté de permettre au couple de durer dans le temps. Ce lien survient après les deux premiers. Il a pour but de conforter les deux partenaires dans leur objectif de construire.

Il s'agit bien là, non d'un sentiment ou d'un état, mais d'une prise de décision, d'une volonté commune qui mènera souvent le couple vers une reconnaissance de leur statut d'union par leurs proches.

Quand les trois composantes sont réunies, on parle alors d'Amour accompli.

Il se peut aussi que seulement deux composantes du triangle d'Amour soient réunies.

① Intimité + engagement = camaraderie

Il s'agit ici d'une amitié amoureuse dans laquelle la passion est absente.

C'est une relation durable et saine qui évolue et se maintient dans une entente et un attachement communs. C'est une relation d'amour tranquille et apaisante, souvent partagée au sein d'activités intellectuelles, artistiques ou culturelles.

② Intimité + passion = amour romantique

Il s'agit ici d'une relation de couple qui se déroule dans l'émotion forte.

Les sentiments peuvent très vite passer de la passion vers la souffrance. C'est un amour qui doit frémir. Il peut s'avérer malheureux et peut souvent mener vers l'opposition au sein du couple, pour revenir ensuite à l'union sacrée.

Il est tout à fait possible de vivre une relation amoureuse profitable et durable sans l'engagement, tout comme il est aussi possible de partager une vie de couple sans sexualité intense. Il n'est donc pas indispensable que les trois composantes du Triangle d'Amour soient réunies pour aboutir à une vie de couple harmonieuse. Néanmoins, le fait de réunir les trois donnera au couple le parfait équilibre. La clé de la réussite amoureuse réside dans le souhait et la mise en œuvre permanents de découvrir l'autre et de répondre à ses attentes dans le respect mutuel.

Manifestez votre Amour...

... au quotidien

Tranche de vie

Marie retrouve son idéal

Mon amie Marie ne savait plus quoi penser en sortant de son rendez-vous avec cette fameuse voyante qu'on lui avait si chaudement recommandée.

À l'entendre, cette femme semblait avoir su assez bien lire à travers son passé, chose qui l'avait impressionnée, mais ses prédictions ne la convainquaient plus par la suite. « Financièrement les choses seront faciles pour vous mais par contre côté sentimental, c'est une autre histoire. »

Bien évidemment, ces paroles ont fortement contrarié Marie, qui pensait avoir enfin trouvé le bonheur dans les bras de Paul. De mon côté, j'ai toujours pensé que lancer ainsi des flèches dans l'inconscient était un jeu dangereux et quand Marie m'a parlé de cette prédiction et que j'ai senti que cela devenait une obsession, je n'ai pas donné cher de sa relation avec Paul qui paraissait pourtant jusque-là bien prometteuse pour elle. J'avais toujours à l'esprit l'histoire de cet homme qui avait annoncé la date de la mort de plusieurs personnes célèbres avec effectivement un certain succès.

•••

Tranche de vie

Le parcours de Marie *(suite et fin)*

Il commençait à prendre de l'âge quand ses amis, autant pour plaisanter que par curiosité, le mirent au défi d'annoncer le moment de sa propre mort.

L'homme se prêta au jeu de bonne grâce. Il leur demanda un peu de temps pour se concentrer, sembla faire quelques calculs et leur annonça sans émotion non seulement le jour mais aussi l'heure précise.

Le jour fatidique arrivé, l'heure approchait, puis les minutes. Bientôt il n'en resterait qu'une seule et il allait s'être trompé, ce n'était pas possible. Trente secondes plus tard, l'honneur était sauf, il avait bien vu juste. Il venait d'enjamber son balcon du troisième étage pour se jeter dans le vide.

Quant à Marie, elle s'est mise à changer de jour en jour, imaginant que Paul voulait la tromper ou qu'elle ne l'intéressait plus.

À chaque fois, qu'ils se retrouvaient, il avait droit à un interrogatoire en règle dont il ne comprenait pas les raisons, jusqu'au jour où il en a eu assez de toutes ses questions et a pris la porte pour ne jamais revenir.

Marie s'est précipitée chez moi en pleurs en me disant : « Tu vois cette femme avait raison, je n'aurai pas de chance en amour. »

La vie,

ce n'est pas attendre
que l'orage passe,
mais apprendre à danser
sous la pluie.

Sénèque

Tranche de vie

Leslie et les hautes vibrations

« Il aurait été difficile de ne pas tomber amoureuse de Carlos, le nouveau maître d'hôtel que mon père venait d'embaucher. Non seulement, il était très beau, mais ses origines latino-américaines lui donnaient un charme indéfinissable à mes yeux. Toujours éblouie, j'étais folle de lui et nous nous sommes mariés très vite malgré les réticences de mes parents qui avaient mieux cerné le personnage.

Pour eux, Carlos avait surtout perçu en moi le moyen de mettre un pied dans la belle brasserie familiale fondée par mes grands-parents, une véritable institution dans la superbe cité balnéaire de Cannes.

De toute façon, dans ces cas-là, on n'écoute personne. Au début, les choses se sont plutôt bien passées. Carlos ne ménageait pas sa peine pour la marche des affaires, initiant même quelques rénovations qui se révélèrent très coûteuses. Mon père avait d'ailleurs fini par réviser son jugement et ne tarissait plus d'éloges à l'égard de Carlos. Ma mère cependant restait plus réservée à l'encontre de ce gendre un peu trop impétueux à son goût. Elle n'avait pas tort et la suite des événements allait lui donner entièrement raison. »

Leslie : « J'avais raté mon mariage, je ne voulais pas rater mon divorce. »

•••

Tranche de vie

Le parcours de Leslie

(suite et fin)

« Lorsque mon père est tombé malade, les médecins ne lui ont pas laissé d'alternative. Plus question de s'occuper de la brasserie, de toute manière il n'en était vraiment plus capable.

C'est alors que Carlos a tout pris en main. Commercialement, il n'y avait rien à dire, les affaires marchaient aussi bien qu'avec mon père, sinon mieux.

Pour le reste, c'est une autre histoire. Carlos a complètement changé, endosser le rôle de patron lui a tourné la tête. Il est devenu d'une exigence extrême avec les employés, seul le très jeune personnel féminin trouvant grâce à ses yeux. Très vite, il s'est avéré de plus en plus audacieux pour faire des avances aux plus jolies d'entre elles.

Les occasions ne lui manquaient pas, surtout pendant la saison d'été où, pour faire face à l'afflux de clientèle, on avait l'habitude d'engager des étudiantes. Durant des mois, j'ai fermé les yeux pour protéger nos enfants de 6 et 8 ans mais cela devenait de jour en jour inacceptable. »

« Je sais que beaucoup n'auraient pas réagi comme moi, mais je ne vois vraiment pas l'intérêt de vivre dans la rancune, qui est l'ennemie du bien-être personnel. » Leslie

« Je vous laisse imaginer la difficulté de se séparer de votre mari quand celui-ci a désormais pris les rênes de l'affaire familiale. J'aurais pu me lancer dans des procédures interminables, mais j'ai fait le choix de ne pas envenimer les choses.

Nous nous sommes séparés en bonne intelligence pour rester de simples associés, moi continuant à m'occuper des comptes et de la logistique. J'ai le sentiment que nos enfants n'en ont pas trop souffert car ils continuent à voir leur père et leur mère travailler ensemble tous les jours, avec la même volonté de faire prospérer l'affaire familiale. »

Les notes complices
de notre couple

Cette page vous sert à noter ce qui vous passe par la tête à l'instant présent. Notez-y vos envies, vos souvenirs, vos idées, vos pensées. **Ensemble ou séparément.**

Les dessins complices
de notre couple

Cette page vous sert à dessiner ce qui vous passe par la tête à l'instant présent. N'importe quoi, un projet, une idée, une envie. Chacun à votre tour.

Faites-le avec une totale spontanéité en retrouvant votre âme d'enfant.

Chapitre 6

LA MAGIE DE L'AMOUR

Croire en la magie de l'Amour

Que choisissez-vous maintenant ? Si par exemple, vous affirmez qu'il est stupide de croire encore à l'amour à votre âge, soyez assuré que vous récolterez le résultat de votre manière de penser. Cette pensée vous place dans l'attente de sa confirmation, qui bien entendu viendra, car l'Univers répond toujours à notre vibration.

Une focalisation constante sur la négativité d'un domaine de notre vie le renforce. La vie nous offre les occasions que nous avons demandées.

Malheureusement, le plus grand nombre n'accepte pas encore l'idée que chacun moule et façonne sa propre destinée même si c'est une vérité incontournable, préférant renoncer à leurs aspirations plutôt que de prendre le risque d'être heureux. Mais il est impossible de vivre ainsi si l'on veut grandir. Notre désir est essentiel pour lancer la première phase de la manifestation.

Certains refusent tellement d'associer la vie de couple à une possibilité de bonheur qu'ils ne peuvent même plus envisager une autre issue que la solitude et son cortège de souffrances.

On pourrait penser qu'un problème qui dure est un problème sans solution, mais en fait un problème qui persiste est presque toujours entretenu. Si les gens sont plus intéressés à cultiver leur douleur qu'à agir dans le sens de leur bonheur, c'est que cela leur demande de faire l'effort de diriger leurs pensées et cette idée n'est pas toujours populaire.

Nous ne sommes pas nés avec des craintes, tout cela nous a été transmis par notre conditionnement, bien plus que par nos gènes. Quand l'entendement collectif veut se concentrer sur la négativité, rien ne nous oblige à le suivre pour devenir des pessimistes chroniques. Que nos journaux prennent plaisir à nous informer de l'augmentation des divorces ne devrait pas faire oublier le nombre incalculable de gens qui sont parfaitement heureux dans leur vie de couple.

Rappelez-vous toujours que vous attirez les personnes qui ont la même fréquence énergétique que vous. Même si vous avez vécu des moments difficiles, qui vous ont fait associer l'amour à la frustration, vous pouvez renouer avec votre désir d'aimer et d'être aimé·e. Peu importe ce qui s'est passé hier, l'important est la vibration que vous décidez de cultiver.

Cependant, encore une fois, rien n'arrive par hasard, nos croyances d'hier font notre vie d'aujourd'hui. Nous ne pourrons jamais faire arriver de force que telle ou telle personne soit amoureuse de nous, mais nous pouvons décider de mettre en place les éléments d'une belle rencontre en élevant notre vibration.

Faites le choix sans équivoque de vous donner ce que vous voulez recevoir. **La vie vous traitera de la manière dont vous vous traitez. N'attendez plus un jour pour vous autoriser au bonheur, pour prendre soin de vous et développer un sentiment joyeux.**

Esther et Jerry Hicks proposent une clé formidable à tous ceux qui oscillent encore entre l'espoir et le découragement avec cette formule formidablement puissante pour rejoindre de hautes vibrations.

« Ne serait-ce pas merveilleux si je me trouvais un partenaire merveilleux pour partager chaque jour la magie de l'amour ? »

Adressez-vous des compliments

En pratique EXERCICE À 2

Apprendre à lancer une balle d'amour

Les différentes manières d'écouter pour résoudre un conflit

*« Votre tâche n'est pas de chercher l'amour,
mais simplement de chercher et de trouver les obstacles
que vous avez construits contre l'amour. »*

Rûmi

❶ *Écoute ordinaire (centrée sur soi)*

Elle rend incapable de s'accorder à la « fréquence de l'autre », elle œuvre à la destruction d'une relation en élevant des murs avec le comportement suivant :

- Je valide seulement ce qui fait mon affaire dans l'histoire
- J'accuse, j'exagère, j'insulte, je moralise sans état d'âme
- Je prépare la contre-attaque pendant que l'autre répond
- Je joue parfois au psy : « Ta mère ne t'a sans doute pas appris à respecter les gens »
- Éventuellement, je me « victimise » (je peux aller jusqu'à pleurer pour que l'on me laisse tranquille)

❷ *Écoute puissante (centrée sur l'autre)*

Elle porte en elle le germe d'une évolution heureuse d'une relation en nous ouvrant à l'autre avec le comportement suivant :

- Je suis présent à ce que l'autre vit et non pas à ce qu'il me dit.
- Je vise à corriger un événement et pas une personne.
- Je veille à ne pas rendre l'autre honteux car je sais que sinon il contre-attaque.

Le problème est que l'on nous a appris à dire « Tu as tort », « Tu te moques de moi », mais jamais à parler de soi en disant : « Je me sens… lorsque… »

Comme l'a si bien dit Jacques Salomé, c'est le « tu » qui tue

Comme l'a si bien écrit Jacques Salomé, c'est le TU qui tue. Exprimer ses sentiments, c'est beaucoup plus dur pour la plupart d'entre nous que d'exprimer une critique avec un doigt accusateur, mais c'est nettement plus constructif. On se sert alors du passé pour améliorer le futur. La reformulation s'exprime toujours avec le « Je ».

Il est ainsi possible de manifester nos émotions, même la colère, mais en précisant bien que c'est une situation qui est à l'origine de notre réaction et non la personne elle-même : « Quand tu as agi ainsi, je me suis senti... » C'est alors l'événement en cause que l'on veut corriger et non la personne. Au lieu de dire, un « Tu mens » terriblement blessant, il est préférable de dire « Je n'ai pas le sentiment que les choses se soient passées ainsi ».

Enfin, si l'on constate que la discussion est stérile, il ne faut pas hésiter à proposer de reprendre cette conversation quand chacun sera dans une meilleure énergie.

Pas de « tu qui tue » et pas de « ne pas »

Dernier point, il est important d'éviter autant que possible de formuler des « ne pas » car notre subconscient ne peut les percevoir.

Dire « Ne sois pas en retard la prochaine fois » n'est pas garant d'efficacité.
Il est clairement préférable de dire « Merci d'être attentif à l'heure la prochaine fois », si l'on attend un changement dans la ponctualité.

Maintenant, lorsque vous serez tenté par un discours accusateur, veillez à ne pas tomber dans le piège du « tu qui tue », et des « ne pas ».

Des balles d'Amour perdues ?

Un jour un psychanalyste, qui étudiait avec Gurdjieff, eut l'idée lors d'une cérémonie de mariage de faire une expérience : il se mit à l'écart du cortège, observant les gens qui passaient devant les mariés et leurs familles en les saluant et en les félicitant.

Il se rendit vite compte que personne n'écoutait en réalité ce qu'il se disait. Puis, il se joignit aux gens et, s'adressant tranquillement à une première personne, il lui dit : « Ma grand-mère est morte aujourd'hui » ; et l'homme lui répondit : « C'est bien, c'est merveilleux. » Il répéta cela à une autre personne qui lui dit : « Comme c'est gentil de votre part ! » Il dit aussi la même chose au marié qui lui répondit : « Et toi, mon vieux, c'est pour quand ?»

Personne n'écoute personne. Combien de fois sommes-nous à côté de la personne qui partage notre vie sans pour autant être là quand nous estimons que nous n'avons plus d'effort à faire ? Posez-vous la question de toutes les balles d'Amour que vous n'avez pas pris le soin de ramasser et aussi de celles que vous avez oublié de lancer ? L'amour se nourrit d'attentions, même des plus petites.

Croire en la magie de l'Amour

Les 5 voies pour accéder à la magie de l'Amour

1 Bannissez les croyances limitatives et remplacez-les par la foi dans votre couple

Pour croire, il convient d'abord de faire fi des programmes mentaux qui nous polluent la vie depuis tout petit. C'est déprogrammer son disque dur des « Fais pas ci, fais pas ça », des « Attention, tu vas tomber », et autres « Tout ça, ce n'est pas pour toi ! », ou « Tu n'y arriveras jamais ainsi ». C'est aussi fermer la porte aux manipulations et aux mensonges des médias. **Bref, c'est accepter de désapprendre pour réapprendre. C'est faire la différence entre les croyances limitatives, reliées aux vieilles blessures et aux peurs, et les valeurs de vie qui représentent vos désirs, vos sentiments et vos envies.**

2 Espérez et croyez en un avenir heureux dans le couple, soyez optimistes

Utilisez des phrases et des mots positifs et rejetez les négations du type « Je ne crois plus en notre histoire », « Je ne supporte plus tes excès » et autres litanies du genre « Notre couple a gâché toutes ses chances ».

Envoyez des messages positifs vers votre cerveau. Ne condamnez pas votre couple, encensez-le, donnez-lui chaque jour de l'avenir. Évitez les démentis, les doutes, les discussions peu constructives ou les critiques inutiles et soyez dans la confiance, le partage et l'acceptation de l'autre. Initiez l'optimisme, vous constaterez rapidement que l'autre suivra le mouvement.

3 Acceptez que l'autre puisse percevoir les choses différemment

Chacun a sa vision du couple, tout comme chacun porte en lui ses expériences de vie qui ne sont pas forcément les mêmes que celles de l'autre.

En acceptant d'être à l'écoute de l'autre, il devient alors possible de mieux se comprendre, bref d'évoluer dans une entente complice et d'éviter les malentendus et les incompréhensions qui créeront des tensions dans le couple.

4 Visualisez vos projets ensemble et échangez vos rêves

Imaginez, évoquez, visualisez ensemble. Pratiquez le « comme si ».

Plutôt que de vous plaindre d'être fatigué après une journée de travail, faites « comme si » vous étiez en pleine forme, « comme si » vous aviez la pêche, « comme si vous alliez entreprendre le programme de la soirée à deux ». En pratiquant le « comme si », vous envoyez un message positif à votre corps qui interagira sur vos émotions.

FAITES COMME SI

Vous entraînerez l'autre par la même occasion dans ce « comme si » et une nouvelle énergie se dégagera de votre couple.

5 Réjouissez-vous mutuellement de l'instant présent et de l'existant

Rejetez la rumination mentale et soyez dans l'instant présent. Prenez pleinement conscience de votre calme intérieur, en passant par votre corps énergétique.

Concentrez-vous sur votre respiration en maintenant votre attention sur chacune de vos inspirations et expirations. Considérez ce que vous construisez ensemble et réjouissez-vous de ce partage. De cette manière, vous augmenterez le niveau vibratoire de chacun de vous et donc de votre couple. Vous attirerez à vous des émotions et des situations positives et propices à l'épanouissement de votre couple. De cette manière, vous éviterez que les peurs et les jugements ne prennent le dessus et n'altèrent la cohésion de votre union.

Tranche de vie

« Si l'amour se trouve à tous les carrefours, moi je dois sans doute être à un rond-point »

Quand Paul voulait jouer la carte de la désinvolture pour parler de ses déboires amoureux, cela n'en cachait pas moins une profonde amertume.

Autour de lui, il voyait nombre de ses collègues multiplier les conquêtes mais dans son cas jamais rien. Qu'avait-il de moins que les autres ? Pourquoi à chaque fois qu'il proposait à une fille de sortir avec lui, essuyait-il toujours un non magistral ? Il les voyait s'enfuir, certaines arborant parfois un air stupéfait face à sa proposition, comme si elle était totalement incongrue.

En l'écoutant, on pouvait rapidement s'apercevoir que Paul ignorait le pouvoir des mots. Les différents refus encaissés avaient transformé ses désillusions en aigreur. De plus en plus souvent, il parlait négativement de la gent féminine, avec parfois des paroles très dures quand elles n'étaient pas carrément grossières.

En même temps, il se posait beaucoup de questions sur lui-même, commençant à se trouver tous les défauts de la terre.

Après chaque nouvelle tentative échouée, il devenait un peu plus sévère à son encontre, oubliant que le privilège de se promener avec une jolie femme à son bras n'est pas uniquement réservé aux jeunes play-boys. S'il était indispensable de posséder un physique digne de James Bond, beaucoup d'hommes devraient se contenter de regarder les plus belles filles sur les écrans, sans ne jamais pouvoir les approcher en vrai.

De jour en jour, tout cela était devenu une obsession pour Paul qui finit heureusement par découvrir à l'occasion d'un stage VIVRE QUANTIQUE qu'il pouvait influer sur les circonstances en changeant sa manière d'être.

•••

Tranche de vie

Le parcours de Paul *(suite et fin)*

Paul : « J'étais médiocre ! »

« Cela a été une révélation pour moi, de réaliser que, si l'on passe notre temps à regarder le verre à moitié vide, il ne faut pas être surpris de voir qu'un jour il ne reste plus rien. C'est exactement ce que j'avais fait pour ma vie amoureuse en m'attardant sur mes déconvenues.

En fait, j'ai compris que j'étais dans l'erreur sur toute la ligne. Sans m'en rendre compte, j'étais devenu médiocre à force de m'en convaincre, en ce sens que je ne croyais plus qu'à moitié en moi. Et encore, à moitié, c'était beaucoup dire.

C'est ainsi qu'au fil des jours, j'en étais arrivé à donner une image factice de moi-même, essayant de jouer les séducteurs, espérant de la sorte mieux répondre aux attentes féminines. Rien d'étonnant à ce qu'ensuite, cela ait sonné faux. »

Dans le jeu quantique, les petits changements font les grandes différences. Lorsque nous sommes bien avec nous-mêmes, c'est l'instrument le plus puissant pour attirer de belles relations.

« La peur, le doute n'étaient pas mes seules erreurs quand j'y repense. Le fait de m'être laissé aller à un profond ressentiment contre toutes celles qui m'avaient repoussé n'avait certainement pas amélioré les choses. J'ai donc commencé par cesser de jouer les victimes, tout comme j'ai abandonné mes rancunes.

Quel que soit le domaine, je ne veux plus perdre mon temps dans une basse vibration, annonce Paul avec un sourire rayonnant qui laisse supposer que tout va bien désormais pour lui, côté cœur. »

Les notes complices
de notre couple

Cette page vous sert à noter ce qui vous passe par la tête à l'instant présent. Notez-y vos envies, vos souvenirs, vos idées, vos pensées. **Ensemble ou séparément.**

Les dessins complices
de notre couple

Cette page vous sert à dessiner ce qui vous passe par la tête à l'instant présent. N'importe quoi, un projet, une idée, une envie. Chacun à votre tour.

Faites-le avec une totale spontanéité en retrouvant votre âme d'enfant.

Chapitre 7

LES RELATIONS QUANTIQUES DU COUPLE

Les relations joyeusement quantiques

Le but de toute relation devrait être de conduire à un sentiment de réalisation de soi pour chacun des partenaires.
Il y a plusieurs conditions pour cela :

Première condition

Une intention pure

L'Univers répond par nature à l'énergie de nos intentions. Le domaine des sentiments ne fait pas exception et le devenir d'une histoire d'amour comme celui de toutes les autres situations est grandement lié à la nature de la vibration émise à l'origine.

Tranche de vie

Doreen : les prémices d'une fausse rencontre

« Quand j'ai rencontré ce brillant avocat, je venais de quitter Charles, ou plus exactement Charles venait de me quitter.

Il n'est jamais très agréable de se retrouver dans le rôle de la personne délaissée. C'est en grande partie pour cela que je me suis précipitée dans une nouvelle relation.

•••

Tranche de vie

Le parcours de Doreen *(suite)*

Je voulais absolument prouver à Charles que mon monde ne s'écroulait pas sous prétexte qu'il m'avait laissé tomber pour une fille plus attirante.

Sur le moment, j'avoue que je n'ai pas beaucoup réfléchi en me laissant séduire par Bruno. Il est vrai qu'il avait plutôt belle allure, et le fait qu'il soit riche de surcroît n'était pas pour me déplaire. Avec lui, j'allais pouvoir m'offrir ce dont j'avais envie et puis cela rendrait sûrement Charles assez jaloux de me savoir vivre dans les plus beaux quartiers, au volant d'un cabriolet rutilant.

Au début, j'étais sur mon petit nuage et cela m'a beaucoup amusée pendant deux ans de jouer les grandes dames dans les établissements de luxe jusqu'à ce jour où un sentiment de vide intolérable s'est emparé de moi.

C'était fini, je ne pouvais plus continuer ainsi à passer à côté de ma vie, d'autant plus que Bruno au fil du temps avait montré toute sa froideur et son incapacité à se soucier de moi tout comme des autres. Seule sa petite personne l'intéressait et ce n'est pas comme cela que je vois la vie à deux.

Partir n'a pas été facile car je n'avais aucune situation sociale, aucune rentrée financière, aucun diplôme. J'ai dû accepter des petits boulots mais à tout prendre, c'était mieux que de continuer à m'éteindre comme une petite bougie.

•••

Le parcours de Doreen *(suite et fin)*

Depuis, j'ai rencontré Julien, et avec lui, c'est tout autre chose, je pense sincèrement que c'est l'homme de ma vie et nous allons nous marier.

Je souhaite de tout cœur que notre union traverse les années. Mon intention est parfaitement pure, il n'y a pas le moindre calcul.

Je n'ai pas choisi de vivre avec Julien par dépit, désespoir ou pour guérir la blessure d'une ancienne relation, mais tout simplement parce que je l'aime et que j'ai envie de partager beaucoup de choses avec lui.

Il n'y a aucune ambiguïté dans mes sentiments, ma seule motivation est que nous soyons heureux. »

Deuxième condition

Le respect mutuel

Il n'y a pas de véritable amour sans accepter l'autre dans sa différence. Quand, dès le départ ou après l'euphorie des débuts enflammés, nous avançons avec l'idée folle de vouloir changer l'autre, sous-entendu grâce à nous et à notre amour, c'est le signe absolu que nous sommes dans l'illusion.

Jamais il ne nous viendrait à l'idée de vouloir que notre placide labrador se transforme en un bondissant Jack Russell ou inversement et pourtant, ce genre d'attente déraisonnable vient semer les graines de la froideur dans trop de couples.

Tranche de vie

Sophie : « Je lui ai longtemps reproché d'être solitaire »

« Combien de fois n'ai-je pas reproché à David son côté solitaire ? Maintenant, j'ai compris, il faut que je laisse à mon mari ses moments à lui, c'est indispensable pour son équilibre.

Il est clair que je n'aurais rien obtenu de positif en continuant à vouloir l'obliger à me parler quand il n'en avait pas vraiment envie. De toute façon, dans ces cas-là, il ne m'écoutait plus, je le voyais se fermer comme une huître et je le faisais fuir.

Alors que notre mariage stagnait, j'ai pris la décision d'arrêter de lui reprocher son besoin d'isolement, lui disant simplement que je respectais son goût pour ses instants de solitude mais que j'étais heureuse à chaque fois qu'il m'accordait plus de son temps.

•••

Tranche de vie

Le parcours de Sophie *(suite et fin)*

De fait, sans rien exiger, il est devenu rare qu'il passe toutes ses soirées dans son bureau comme il en avait pris l'habitude et l'intimité a fini par reprendre toute sa place dans notre couple.

Avant, je le sentais souvent perdu dans ses pensées, mais maintenant, en dehors de ces moments où il aime rester seul, quand il est avec moi, il est vraiment présent de toute sa personne. Nous n'avons jamais été autant à l'unisson.

Finalement, la seule personne qui avait besoin de changer, c'était moi en cessant de donner de l'importance à cette attirance pour la solitude. »

Troisième condition

La fidélité

Rester amoureux au fil des années demande de renouveler au quotidien cette intention.

Tranche de vie

Fabienne : « Maman, tu n'es pas douée pour le mariage »

« Voilà les mots de ma fille, quand je lui avais annoncé que j'allais à nouveau me marier. Il est vrai que sa réflexion pouvait se comprendre puisque j'en étais moi-même à deux divorces à 45 ans.

•••

Tranche de vie

Le parcours de Fabienne *(suite et fin)*

La première fois, je m'étais mariée à 20 ans parce que j'étais enceinte. Son père était un garçon gentil mais nous étions beaucoup trop jeunes, aussi immatures l'un que l'autre et nous nous sommes séparés pour des bêtises.

Heureusement, nous sommes toujours restés en bons termes et les choses ont été assez faciles, je pense, pour ma fille.

Quant à mon deuxième mariage, il s'est terminé dans une pesante routine qui ne pouvait plus satisfaire personne. On avait tout pour être heureux mais on n'a pas su apprécier la relation et les choses se sont délitées doucement parce que l'un et l'autre, nous n'étions plus dans la séduction, incapables de renouveler cette intention de nous aimer au quotidien par des attentions, de la tendresse ou des câlins.

Aujourd'hui, je suis convaincue qu'il n'y a pas de droits acquis en matière de sentiments mais la meilleure chose que nous pouvons partager dans une relation, c'est notre propre bonheur.

Si je suis prête à recommencer aujourd'hui, sans écouter ma fille, c'est que je sais désormais que l'amour ne réside pas dans un contrat, c'est une expérience vivante et j'ai bien l'intention cette fois de la rendre belle. »

JE SUIS COMME CELA, JE NE SAIS PAS FAIRE AUTREMENT !
TU VIS DANS LE PASSÉ ! CHANGE DE RÔLE !
Soyez vous-même !
OK JE PEUX LE FAIRE !

Petite histoire

En combien de jours Dieu créa-t-il l'Univers ?

Une riche dame romaine vint à la rencontre d'un rabbin et lui posa la question suivante : « En combien de jours Dieu créa-t-il l'Univers ?» Le rabbin lui répondit : « En six jours. »

La dame fut étonnée d'entendre que cela n'avait pris que six journées au Créateur. « Mais que fait-il donc depuis ? », s'exclama la dame. Le rabbin lui répondit : « Il organise les mariages. » La dame, interloquée, n'apprécia pas sa réponse, pensant qu'il se moquait d'elle et manifesta son incrédulité : «Si ce n'est que cela, moi aussi, je pourrais en faire autant. »

Le rabbin ne perdit pas pour autant son calme et lui expliqua avant de s'en aller : « Ce qui vous semble peut-être si facile ne l'est pas plus que de réaliser le miracle de la division des flots de la mer Rouge pour permettre le passage à pied sec des Hébreux. »

La dame, bien décidée à montrer au rabbin qu'elle avait raison, rentra chez elle et fit aussitôt rassembler mille esclaves de chaque sexe. Elle se mit à l'œuvre pour former les couples et, contente d'elle, demanda à chacun d'entre eux de lui promettre de revenir dès le lendemain avec ses commentaires.

Quelle ne fut pas sa stupéfaction quand elle se retrouva avec une armée d'éclopés. Le premier arriva devant elle avec un œil crevé, le second saignait encore de la tête, le troisième montrait sa main dans un bandage...

Ils étaient presque tous à gémir lorsqu'elle décida d'interrompre les questions pour aller à nouveau à la rencontre du rabbin et lui confirmer qu'elle avait bien compris sa réponse.

Cette histoire de la tradition juive ne doit nullement décourager tous ceux qui aspirent à des relations joyeuses.

Si l'alchimie de l'attraction entre deux êtres a souvent un caractère mystérieux, il existe cependant des règles pour que la présence de l'autre soit et reste un gage de bonheur pour tous.

Tranche de vie

Geneviève : le jeu du chat et de la souris

« M'aimer est quelque chose qui m'a paru longtemps difficile, raconte Geneviève. Je ne me trouvais pas jolie et, à l'école, j'étais souvent l'objet de railleries. Il n'y avait pas beaucoup d'argent à la maison et mes tenues étaient souvent démodées. Quant à mes parents, très religieux, ils m'avaient élevée dans un esprit de sacrifice. Pour eux, l'amour de soi était la dernière fantaisie à laquelle on devait penser, c'était de la vanité. Une seule chose comptait, travailler dur, savoir donner de soi.

Mon mari, lui, n'avait aucun problème de ce genre, sa famille était riche et il avait une très haute estime de sa personne. Lui seul était intelligent, lui seul était capable de prendre des décisions. À tel point qu'il était capable de vous affirmer sans sourciller qu'il n'avait jamais fait la moindre erreur dans la vie.

Moi, par contre, c'est certain, des erreurs j'en avais fait au moins deux. La première, épouser un personnage aussi imbu de lui-même, la seconde, l'avoir laissé m'humilier pendant tant d'années, bien souvent en public. C'est là qu'il prenait le plus de plaisir à le faire, pour nourrir son arrogance et sa suffisance.

Il se comportait exactement comme un chat guettant sa proie, prêt à bondir sur moi, dès que j'émettais l'ombre d'un avis.

Je m'étais tellement installée dans le dénigrement de moi que parfois j'en arrivais à me demander s'il n'avait pas raison, en étant convaincue

•••

Tranche de vie

Le parcours de Geneviève *(suite et fin)*

d'être une gourde, même si j'avais des diplômes et de nombreuses connaissances sur des sujets variés. Après tout, peut-être essayait-il de m'aider à devenir meilleure ?

Un beau jour, je me suis réveillée, ou plutôt éveillée, en cessant définitivement de me comparer. Je n'étais ni plus bête, ni plus moche qu'une autre, la seule chose que j'avais à faire était de reprendre ma liberté et de m'autoriser au bonheur. »

Même si, heureusement, cela ne s'exprime pas toujours de manière aussi violente que dans l'histoire de Geneviève, lorsqu'une personne porte en elle un manque d'amour, le rapport est faussé : celui qui se mésestime va vivre une relation dénaturée, basée sur un besoin que l'autre ne pourra pas satisfaire.

Une foule de gens vont de déception en déception pour la simple raison qu'ils voudraient changer les autres.

La première chose à comprendre est qu'il n'y rien à changer si ce n'est soi-même.

Christian Bourit

L'amour de soi, une formidable clé pour aimer autant qu'être aimé

Une étape essentielle pour une vie heureuse

Relations amoureuses et estime de soi

Il est très difficile de se laisser aimer sans conscience positive de soi-même. Le malentendu vient souvent du fait que l'on nous a fait croire que l'important était d'aimer les autres en nous invitant à l'oubli de nous-mêmes et à l'abnégation.

L'impuissance à s'aimer se révèle profondément autodestructrice et interdit toute possibilité d'une vie épanouissante. Si l'on exclut tout ou partie de soi-même, en un mot si l'on est complexé ou dans la mésestime de soi, il est difficile d'avoir une vie chaleureuse jusque dans l'intimité.

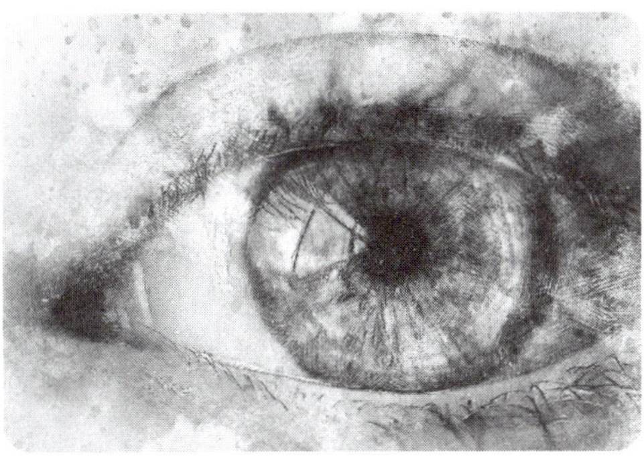

Chaque fois qu'un individu se dénigre, il affaiblit son rayonnement personnel

S'accepter dans sa globalité : la meilleure base pour s'ouvrir à une belle relation

Entretenir une image corporelle et émotionnelle positive de soi-même donne une force considérable. Être indépendant du regard des autres nous apporte l'esprit de liberté souvent nécessaire pour vivre pleinement nos désirs.

L'aspect physique n'est pas la seule raison pour laquelle les êtres humains se rejettent. Parmi la multitude de causes, il y a le niveau d'études, les origines, le mode d'éducation, la religion... Une personne qui se juge se prépare en même temps à recevoir une sanction.

Briser les chaînes de nos croyances négatives

Il est impossible de changer notre monde sans considérer le rôle de nos croyances. Nous blâmons la vie et les autres à cause de nos problèmes, mais toutes les difficultés sont causées par les conditionnements logés dans notre subconscient.

Quelles lois avez-vous établies pour vous-même concernant la vie à deux ? Vous pouvez prétendre qu'il est impossible de rester amoureux, mais si c'était une vérité universelle, personne ne serait heureux en couple alors que des millions de gens démontrent le contraire.

Libérez votre couple des croyances négatives

Aussi longtemps que nous ne pensons pas mériter ce qu'il y a de mieux, le meilleur a peu de chances de se manifester dans notre vie.

Nos croyances sont fondées, la plupart du temps, sur une erreur d'interprétation. Une femme peut se trouver peu séduisante alors que beaucoup d'hommes seraient prêts à brûler leur carte bleue pour l'emmener à l'autre bout du monde.

Les humains s'arrangent toujours pour que les circonstances « collent » à leur manière de penser

En fait, leur premier désir est de valider leurs croyances même si celles-ci sont déraisonnables.

Une personne persuadée qu'elle n'a jamais de chance dans sa vie amoureuse fera tout inconsciemment pour s'attirer des expériences venant lui confirmer qu'elle est effectivement une victime.

VALIDEZ VOS CROYANCES

Il est essentiel de comprendre que ce n'est pas parce que des circonstances se manifestent dans notre vie que nous y croyons, mais que c'est parce que nous y croyons qu'elles se concrétisent dans notre vie.

Il est donc essentiel de confronter nos croyances à la réalité, en se demandant si, en aucun cas, elle ne peut être mise en doute.

Sachez vous écouter…

Viser le meilleur

On pense alors tout de suite à la loi d'attraction, cette fameuse loi remise à la mode avec le succès planétaire du livre *The Secret* de Rhonda Byrne.

Autrement dit, si vous parlez toujours de vos difficultés dans un domaine, vous ne pouvez vous attendre qu'à encore plus de problèmes dans ce domaine. Il est facile d'en avoir la confirmation si l'on observe les gens qui parlent toujours de leurs problèmes. Loin de les résoudre, se concentrer sur leurs manques ne provoque qu'encore plus de manque dans leur vie.

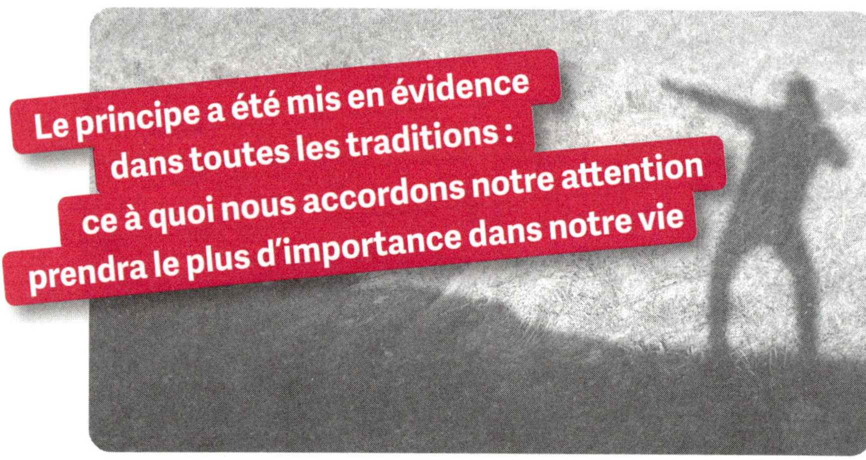

De là sont nées des approches parfois simplistes de cette loi expliquant que consacrer notre attention à nos désirs, par des affirmations et visualisations positives, suffit largement pour les voir se réaliser.

En matière d'amour, il ne reste plus qu'à choisir la couleur des yeux et les mensurations du partenaire, et tant qu'à faire son compte en banque.

Parabole biblique

La vraie histoire d'Adam et Ève

Cette parabole est sans nul doute celle qui a inspiré le plus grand nombre d'illustrations, mais elle est aussi certainement la plus mal comprise. Adam et Ève ne sont pas un homme et une femme, mais une seule et même personne.

Ils représentent les deux parties de nous-mêmes : Adam symbolise le corps et Ève illustre l'esprit. Alors que s'est-il passé de si extraordinaire avec cette pomme, ce fruit interdit ?

Quel est ce fameux péché capital, si terrible qu'il a causé leur expulsion immédiate du Paradis, pour connaître toutes les souffrances de la condition humaine ?

Que ce soit Ève qui croque d'abord la pomme, et non pas Adam, n'est pas un hasard car rien ne peut arriver dans notre monde matériel sans être précédé par l'esprit.

Comme il est écrit dans la Bible, ce n'est pas ce qui entre dans la bouche de l'homme qui le contamine mais bien ce qui en sort par nos paroles blessantes, nos décrets emplis de peur, de doute et de négativité.

Les notes complices
de notre couple

Cette page vous sert à noter ce qui vous passe par la tête à l'instant présent. Notez-y vos envies, vos souvenirs, vos idées, vos pensées. **Ensemble ou séparément.**

L'ENFANT EST DÉPENDANT DES ADULTES, C'EST UNE QUESTION VITALE POUR LUI. IL A BESOIN D'AIDE ET DE PROTECTION.
L'HUMAIN ADULTE SAIT APPRÉCIER CEUX/CE QU'IL AIME QUAND ILS SONT LÀ
MAIS IL SAIT AUSSI GOÛTER AUTRE CHOSE S'ILS NE SONT PAS LÀ. L'ATTACHEMENT CRÉE LE MANQUE DANS L'ABSENCE, L'ÉTAT D'ADULTE JOUIT DU PRÉSENT. IL EST UNE ÎLE POUR LUI-MÊME.
IL SAIT PRENDRE SOIN DE LUI SANS ATTENDRE TOUT DES AUTRES. SON HUMANITÉ EST SON PROPRE REPÈRE. PARCE QU'IL NE CRAINT PAS LE MANQUE, IL SE SOUCIE DU MONDE PAR SIMPLE SOLIDARITÉ/HUMANITÉ

VIVEZ VOTRE COUPLE CONSCIEMMENT !

À moins que vous ne rendiez conscient l'inconscient, celui-ci dirigera votre vie et vous l'appellerez Destin

Carl Jung

Les dessins complices
de notre couple

Cette page vous sert à dessiner ce qui vous passe par la tête à l'instant présent. N'importe quoi, un projet, une idée, une envie. Chacun à votre tour.

Faites-le avec une totale spontanéité en retrouvant votre âme d'enfant.

Chapitre 8

LE JUGEMENT AU SEIN DU COUPLE

Le jugement dans le couple

Depuis la nuit des temps, les institutions humaines conditionnent les individus à être jugés, à commencer par le rite du baptême où l'enfant est « lavé » de ses péchés.

Que dire également de la circoncision et de l'excision, qui sont des rites pour rendre les gens conformes à des lois ? Non contents de prendre en compte la société et la religion pour les évaluer, les humains se font en plus leurs propres juges.

Le discours parental, quant à lui, s'articule spontanément autour des notions de bien et de mal. Un enfant apprend ainsi très tôt à juger, à commencer par lui-même avec cette petite voix, celle de notre juge intérieur qui peut vite devenir dévastatrice si nous n'y prenons garde.

C'est notre juge intérieur qui s'exprime chaque fois que l'on ne se trouve pas assez ceci, ou trop cela.

La culpabilité rend vulnérable et les chances d'épanouissement d'une union amoureuse sont compromises dès qu'un partenaire se sent inférieur. Elle porte en elle un manque que tôt ou tard l'autre se fatiguera de combler.

Les choses se compliquent encore quand ce besoin de dénigrer vise aussi le partenaire. Le plaisir qui peut être pris à accuser l'autre engage toujours le couple dans une spirale destructrice.

C'est pourquoi la critique est toujours une stratégie dangereuse puisqu'elle participe à entretenir ce que nous souhaitons combattre. **L'observation de ce principe doit nous inciter à la prudence car, lorsque nous vivons dans la négativité, nous allons à l'encontre de nos objectifs.**

Évitez la critique

Si je dénigre un aspect de la personne avec laquelle je vis, je ne fais qu'alimenter l'égrégore négatif qui l'entoure et je ne participe absolument pas à la rendre meilleure.

Malgré son caractère indiscutable, la loi du cercle ne semble pas toujours évidente pour le plus grand nombre.

Les détracteurs de cette loi objecteront, par exemple, que des personnes connues pour leur peur obsessionnelle de manquer ou de se faire cambrioler, se sont malgré tout enrichies ou bien n'ont jamais été victimes du moindre vol.

C'est oublier que le manque peut s'exprimer de diverses manières. Ces personnes n'ont-elles pas d'ores et déjà perdu un des biens les plus précieux : leur joie de vivre ?

Certains s'étonnent également de se heurter à des événements totalement étrangers à leur manière de penser habituelle : « Jamais, je n'aurais cru que cela pouvait m'arriver ! », s'exclament-ils. En fait, il se peut qu'ils n'aient effectivement jamais pensé de manière précise à un tel événement, mais ils en ont émis inconsciemment la fréquence vibratoire.

Cueillir quelques Étoiles
Pour t'en faire un long collier
Tendre le ciel comme une voile
Et t'emporter sur mon voilier

Éric-Antoine Verheyden

Ne vous jugez pas

Ne vous jugez pas

« Sois prudent », dit-on à une personne qui part en voyage. En ce qui concerne le voyage de la vie, tout comme celui de l'amour, nous devrions écouter aussi ce conseil en prenant grand soin de ne pas embarquer un passager aussi dangereux que notre juge intérieur.

Si vous ne l'avez pas encore fait, il est grand temps de prendre conscience de l'inutilité de la petite voix de votre juge intérieur, celle qui vient vous glisser à l'oreille que vous n'êtes jamais assez ceci, ou pas assez cela.

Comment imaginer que le dénigrement de soi pourrait conduire à quelque chose de joyeux ? Se laisser diriger par cette petite voix, c'est perdre de sa puissance, combien d'occasions perdues comme cela a été le cas de Claude :

« Toute ma vie, j'ai regretté d'avoir, un jour, fait demi-tour en allant à ce nouveau rendez-vous après un premier baiser. **Tout cela, parce qu'au dernier moment, je me suis dit que c'était trop beau pour moi, que n'étions pas du même monde. »**

La voix du jugement nous maintient dans une version diminuée de nous-mêmes aussi longtemps que nous la laissons prendre les rênes.

« Je croyais qu'il suffisait d'aimer », a écrit magnifiquement Jacques Salomé pour rappeler que l'autre ne pourra jamais combler le manque que l'on porte en soi, source d'échecs de tellement de relations.

Se juger négativement n'a jamais permis de poser les bases de relations réussies. C'est à la lumière de l'amour de soi que chacun peut illuminer son monde.

Cécilia ne regrette pas d'avoir pris de la distance avec son juge intérieur. Elle raconte :

« J'avais besoin de tomber amoureuse de moi-même. Cela n'a pas été facile après tant d'années à me faire des reproches mais aujourd'hui, enfin, je suis bien avec moi-même. Mon mal-être, je l'avais amené dans mon mariage qui devenait bien chancelant. Il était grand temps que je m'aime car maintenant je peux faire cadeau à mon mari de ma joie plutôt que de mes démons. »

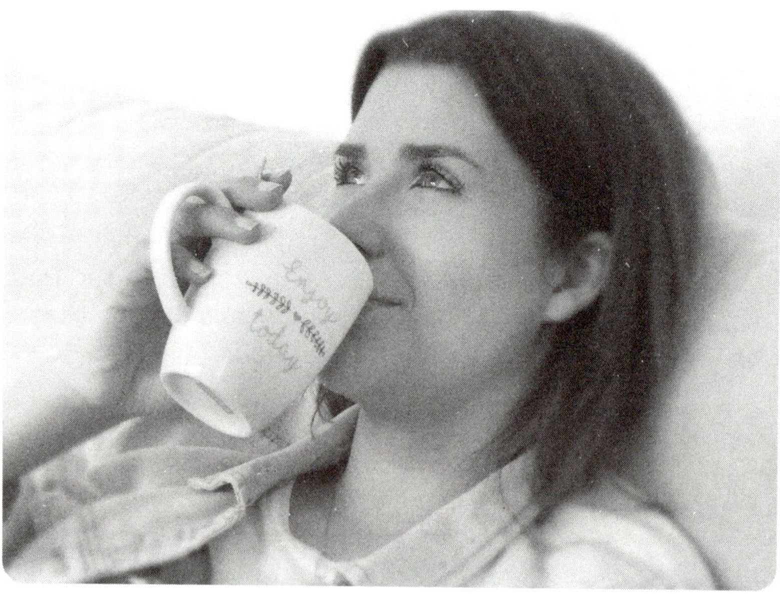

Tranche de vie

Jean-Louis n'a pas vu ce qu'il fallait voir

Il surveillait en permanence les faits et gestes de son épouse. À la manière d'un procureur, il rassemblait les éléments de ses futurs réquisitoires, toujours prêt à lancer ses attaques, sans oublier au passage de jouer les victimes.

Aux yeux de tous, la relation n'avait plus qu'un but, une dévalorisation en règle de son épouse pour l'abaisser aux yeux de l'entourage.

S'il ne nous appartient pas de changer les autres, il convient d'éviter de penser que l'autre est l'unique responsable de notre bonheur ou de notre malheur.

Comble de l'histoire, Jean-Louis a été totalement abasourdi le jour où son épouse quitta le foyer avec leurs deux enfants, recevant dans la foulée une lettre d'avocat, alors que la seule chose qui aurait dû l'étonner est le temps que la décision de sa femme mit à survenir.

Mentalement, il était séparé depuis longtemps, la procédure ne faisait que suivre le mouvement.

Notre responsabilité est dans le choix des émotions que nous voulons vivre. Est-ce la joie, l'enthousiasme... ou la rancœur ? Dans tous les cas, nous aurons le reflet de notre choix.

Les dessins complices
de notre couple

Cette page vous sert à dessiner ce qui vous passe par la tête à l'instant présent. N'importe quoi, un projet, une idée, une envie. Chacun à votre tour.
Faites-le avec une totale spontanéité en retrouvant votre âme d'enfant.

Les notes complices
de notre couple

Cette page vous sert à noter ce qui vous passe par la tête à l'instant présent. Notez-y vos envies, vos souvenirs, vos idées, vos pensées. **Ensemble ou séparément.**

Chapitre 9

LES INTERDITS DU COUPLE

Rompre avec les interdictions du passé

Il devient difficile de vivre une relation épanouie sur tous les plans quand des interdits nous dirigent. La morale est toujours affaire de latitude, et se sentir coupable ne donne aucune puissance.

Ce dont nous avons besoin, ce n'est pas de la petite voix de notre juge intérieur qui nous répète les interdits de notre éducation tel un perroquet, mais d'une conscience qui nous pose cette question sur la conséquence de nos actes : **est-ce que ces censures vont amener du bonheur ou de la souffrance autour de moi ?**

Nos interdits ne sont un problème que si l'on persiste à se laisser influencer et diriger par notre passé.

Le premier pas du changement est toujours la prise de conscience que tous ces tabous ne nous appartiennent pas et que notre valeur est indépendante de la reconnaissance des autres.

Tranche de vie

Valérie est désormais libre et joyeuse

« Très vite, je suis passée au second plan des préoccupations de mon mari sans avoir mon mot à dire. Une seule chose importait pour lui, le sport et les copains et il a fini par vivre comme si je n'existais plus, bien qu'il fallût que je reste à la maison à l'attendre.

Je ne pense même pas qu'un seul jour il m'ait trompée, mais notre relation n'en était pas moins un échec sur toute la ligne. **De jour en jour, j'avais le sentiment de devenir l'ombre de moi-même.**

C'est bien plus tard que j'ai intégré le fait qu'il était mon miroir, car jamais je ne m'étais autorisée à vivre pleinement. Depuis mon enfance, toute ma vie n'avait été qu'une suite de restrictions, le verbe oser ne faisait pas partie de mon vocabulaire. Avec mes parents, il ne fallait surtout pas montrer ses émotions et encore moins penser à soi.

Je me souviens encore du drame que cela avait fait le jour où j'avais annoncé fièrement à mon père que je venais de m'inscrire à un programme de cours de théâtre avec une amie. L'envie m'en est vite passée et j'ai eu l'interdiction de voir cette camarade de lycée pendant toutes les vacances d'été.

En ce sens, mon divorce a été une véritable libération parce que non seulement je quittais un homme avec lequel je n'étais pas heureuse, mais en même temps je prenais la décision de me libérer de mes limitations.

Cela m'a permis de devenir qui je suis. Aujourd'hui, j'ai appris à rester fidèle à mes désirs et ma vie est désormais joyeuse et pleine de sens.

•••

Tranche de vie

Le parcours de Valérie *(suite et fin)*

Avec mon nouveau mari, nous n'avons qu'un but, profiter de la vie ensemble, il ne nous viendrait même pas à l'idée de freiner l'autre dans sa créativité. »

« Maintenant, c'est un peu tard pour avoir des ambitions théâtrales, mais cela ne m'empêche pas de prendre un plaisir fou avec ma troupe amateur. » Valérie

Dépassez vos interdits

1 *Est-ce que je manifeste qui je suis ?*

Pour Madame

Oser la différence, donner mon avis, faire des choix nouveaux

Existe-t-il un lien avec ma vie de couple ?

Pour Monsieur

Oser la différence, donner mon avis, faire des choix nouveaux

Existe-t-il un lien avec ma vie de couple ?

2 Est-ce que je montre facilement mes émotions ?

Joie, peur, tristesse, tendresse, rire...

....

....

....

....

Existe-t-il un lien avec ma vie de couple ?

....

....

Joie, peur, tristesse, tendresse, rire...

....

....

....

....

Existe-t-il un lien avec ma vie de couple ?

....

....

Dépassez vos interdits

3 Que se passerait-il si je cessais d'agir en fonction du passé ?

Exemples :

• prendre le risque d'aimer

....

• m'affirmer face à mon partenaire

....

• lui dire je t'aime

....

Exemples :

• prendre le risque d'aimer

....

• m'affirmer face à mon partenaire

....

• lui dire je t'aime

....

En pratique EXERCICE À 2

4 *Formulez chacun 3 décisions pour vivre pleinement en couple*

Pour Madame Je formule mes 3 décisions pour vivre pleinement

1 ....

....

2 ....

....

3 ....

....

Pour Monsieur Je formule mes 3 décisions pour vivre pleinement

1 ....

....

2 ....

....

3 ....

....

Le saviez-vous ?

Le célèbre Kâma-Sûtra, qui a tant enflammé les imaginations en Occident, est né au IVe siècle.

Contrairement à ce que l'on pourrait croire, il n'a été décoré d'enluminures et d'illustrations qu'à partir du XVIe siècle, mais surtout au XIXe siècle lorsque l'Inde a fait partie de l'Empire britannique.

La partie érotique n'occupe qu'une petite partie du livre. C'est en fait un code rigide qui s'adressait à l'élite, dans lequel tout ce qu'il est possible de faire est précisé selon la hiérarchie sociale propre au système des castes.

Il traite du mode de vie qu'une personne cultivée se devait de connaître. En dehors des buts de la vie, il aborde par exemple le bon usage de la musique, de la nourriture, des parfums... Quant à l'amour, cet ouvrage visait à le conduire à la dimension du sacré, mais tout cela relevait cependant d'une stricte application de règles précises.

L'épanouissement sexuel passe par l'abandon du jugement

Tant que les êtres humains donnent du pouvoir à la peur d'être jugés, il leur est difficile d'exprimer véritablement leurs désirs jusque dans l'intimité.

Malgré la libération des mœurs, la sexualité reste un sujet majeur de culpabilité, tout comme celui de l'argent.

S'il en est ainsi, c'est que certains continuent à voir une quelconque vertu dans la chasteté comme dans le dénuement, rejetant ainsi un modèle de vie abondant où les plaisirs de l'existence ont toute leur place.

Dans le champ quantique, tout est présent à l'état latent, mais nous devons nous concentrer sur des possibilités pour qu'elles deviennent des « réalités ». Si nous associons l'idée du plaisir amoureux ou de l'argent à une image d'impureté, nous avons peu de chances d'en avoir beaucoup.

IL EST ESSENTIEL D'APPRÉCIER UN DOMAINE POUR Y AVOIR ACCÈS

En nous autorisant à valoriser, à aimer le plaisir et la joie de vivre, sans se sentir inutilement coupable, nous les invitons dans notre univers. Sans cela, ils risquent fort de rester longtemps inaccessibles.

La vibration du rejet est très certainement l'une des plus pernicieuses. Ce que l'on s'interdit d'aimer, ce que l'on méprise ne peut pas venir à nous dans la fluidité. La nature de l'Univers est fondamentalement de donner, dès l'instant où l'on ne s'interpose pas maladroitement.

Tranche de vie

Alexandre et le plaisir

« Mes parents m'ont certainement beaucoup aimé mais, pour eux, il n'y avait qu'une seule valeur respectable : le travail. Ils se sont d'ailleurs littéralement tués à la tâche avec leur restaurant qui restait ouvert toute l'année, à l'exception de la période de Noël.

D'eux, j'ai hérité le goût des choses bien faites et le courage. Cela m'a sans aucun doute permis de faire de brillantes études et de réussir professionnellement, mais hélas cela ne m'a pas appris à aimer la vie.

Personnellement, je suis du genre à pouvoir partir les poches vides avec un simple sac à dos. Je ne dis pas que c'est mon rêve, mais c'est quelque chose que j'accepte et qui ne me fait pas sombrer dans la négativité.

Pour moi, les loisirs, les vacances étaient une perte de temps. Je comprenais très bien les Japonais qui prennent si peu de repos et je me sentais coupable les jours où je délaissais mon bureau.

Je ne voyais qu'une chose, la bonne marche de l'usine où je m'étais rendu indispensable.

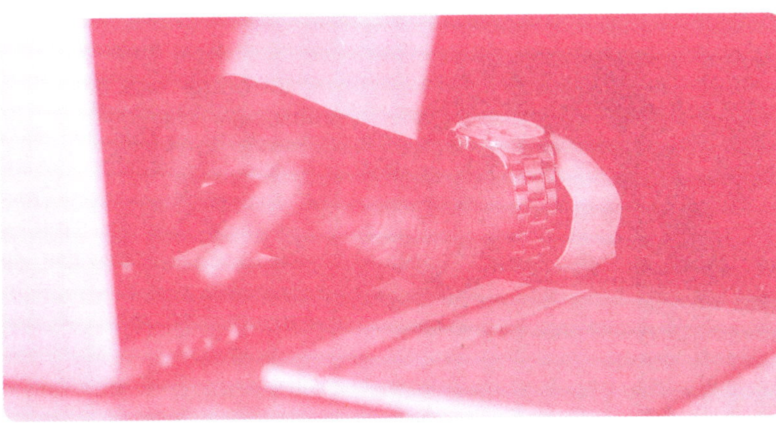

•••

Tranche de vie

Le parcours d' Alexandre

(suite et fin)

Mon salaire était conséquent mais, sans m'en rendre compte, l'usine m'avait littéralement dévoré. Même le dimanche, il m'arrivait bon nombre de fois de retourner à l'usine, comme si je me sentais coupable de n'y être pas assez. »

Quant aux vacances, combien de fois ne les ai-je pas annulées au dernier moment en m'imposant d'avoir la conscience tranquille. Ma famille vivait dans une belle maison avec piscine et court de tennis et si je faisais cela, c'était pour eux. **Depuis toujours, je voulais leur prouver de quoi j'étais capable, que moi aussi, je pouvais faire comme eux afin qu'ils soient fiers de moi.**

L'atterrissage a été dur lorsqu'un jour ma femme est partie, qu'elle a refait sa vie selon l'expression à la mode. Inutile de vous dire que ce n'était pas avec quelqu'un qui travaillait quinze heures par jour. Moi, je n'avais rien vu venir.

Ce passage a été terrible, je me suis retrouvé seul dans cette grande maison pendant presque trois ans. J'ai eu la chance que les enfants, alors à l'université, soient restés proches de moi tout en résidant chez moi pratiquement tous les week-ends, mais les semaines étaient longues.

J'ai finalement eu le bonheur de rencontrer une belle personne, avec laquelle je suis parfaitement heureux maintenant, **mais s'il y a désormais une chose que je n'oublie jamais, c'est de prendre du temps pour notre couple et de nous ménager des instants privilégiés, comme des balades en forêt ou des petits week-ends en amoureux. »**

J'AI PARDONNÉ À MA MÈRE TOUTE LA PRESSION QU'ELLE A PU ME METTRE. QUAND J'AI COMPRIS QU'ELLE ÉTAIT ELLE-MÊME AUX PRISES AVEC DES PRESSIONS LIÉES À SA FAMILLE D'ORIGINE
QUELLE PRESSION ?
J'AI PARDONNÉ À MON PÈRE SON ABSENCE DANS CE CONFLIT, QUAND J'AI COMPRIS COMBIEN LUI-MÊME AVAIT LE SENTIMENT D'AVOIR MANQUÉ D'AMOUR COMME IL NOUS L'A CONFIÉ AVANT DE MOURIR.
J'ENTENDS PAS
OUCH
CES PARDONS M'ONT PERMIS UNE LÉGÈRETÉ QUE JE N'AVAIS PAS CONNUE DEPUIS LONGTEMPS ET UN TOUCHANT ACCOMPAGNEMENT DE FIN DE VIE QUI A ÉTÉ UN DES PLUS BEAUX CADEAUX D'AMOUR REÇUS
MAIS AUJOURD'HUI JE ME RENDS COMPTE QUE PARDONNER NE SUFFIT PAS. CES PRESSIONS ONT LAISSÉ LEURS TRACES QUI SONT COMME DES SILLONS DANS LESQUELS JE RETOMBE SOUVENT COMME SI JE N'AVAIS PAS D'AUTRE CHOIX QUE DE CONTINUER LEUR «TRAVAIL» À ME METTRE MOI-MÊME LA PRESSION TOUT SEUL.
QUELLE PRESSION ?
J'AI CE QU'IL TE FAUT POUR TE REGONFLER
MAIS LE CORPS PARLE

Attirer le partenaire idéal

Il est facile de s'enthousiasmer à l'idée de pouvoir réaliser ses désirs pour une personne qui découvre la loi d'attraction, en pensant : « Je vais attirer les choses sur lesquelles je vais concentrer mon attention, je n'aurai qu'à faire mon choix. »

Malgré l'apparente simplicité de cette loi, le piège dans lequel beaucoup tombent est d'être persuadé de se concentrer sur l'objet de son désir alors qu'en fait leur attention est dirigée vers son contraire.

C'est le cas de la personne qui vit dans l'espoir d'une rencontre amoureuse alors qu'elle refuse surtout l'idée de la solitude.

De la même manière, on peut penser vouloir améliorer sa situation financière mais rester en fait axé sur le désir de ne surtout pas manquer d'argent, ce qui revient à se concentrer sur la pénurie, empêchant ainsi le désir d'abondance de se concrétiser.

Tranche de vie

La méfiance de Maryse face à l'inconnu

Il est fréquent également de vouloir une chose sans être nécessairement prêt à accepter toutes les conséquences du changement. C'est ainsi que Maryse refusait toutes les invitations.

Cela faisait bientôt deux ans qu'elle avait mis fin à une relation de plusieurs années. Si cette rupture l'avait rendue méfiante, rester seule ne faisait absolument pas partie de ses plans. Les occasions de rompre sa solitude ne lui auraient pourtant pas manqué, à commencer par son lieu de travail où elle croisait beaucoup d'hommes brillants qui ne manquaient pas d'être sensibles à son charme.

Pourtant, elle préférait les garder à distance pensant que, si elle acceptait une invitation à dîner de l'un de ces hommes, cela sous-entendait qu'elle accepterait de finir dans son lit.

Quand elle avait fini sa semaine, elle faisait vite ses courses et rentrait chez elle pour ne plus en sortir. Ce n'était certainement pas ainsi qu'elle aurait l'occasion de faire des rencontres.

Son attitude a seulement changé le jour où une amie lui a expliqué que la seule chose à laquelle elle était tenue était de dire merci si l'un ces prétendants payait l'addition. À partir de ce jour, elle est devenue plus cohérente avec son désir d'être aimée, en consentant à accepter quelques invitations.

C'était la cinquième invitation qu'elle acceptait en trois mois, quand elle prit conscience, à la fin du repas, que l'homme en face d'elle avait plus que le droit de payer l'addition.

**Une intention,
si elle n'est pas
suivie d'action,
ne restera qu'une
intention**

Trop de personnes attendent
ainsi que la vie fasse le reste.

Cultiver de belles vibrations,
tout en s'interdisant de sortir,
**laisse peu de chances
de trouver l'amour,**
à moins qu'il ne prenne les traits
du livreur de pizzas ou du facteur.

Christian Bourit

Cesser le double jeu

Le manque de cohérence est une raison majeure du renoncement, quel que soit l'objectif. **Comment imaginer attirer le partenaire de ses rêves si l'on persiste dans l'une des attitudes suivantes ?**

- Entretenir une vision trop idéalisée de la relation amoureuse
- Vouloir que l'autre possède toutes les qualités
- Se protéger d'une nouvelle déception
- Redouter le jugement de l'entourage
- Rester dans la colère d'une déception
- Être en guerre avec soi-même
- Avoir une peur cachée derrière la réalisation de son désir

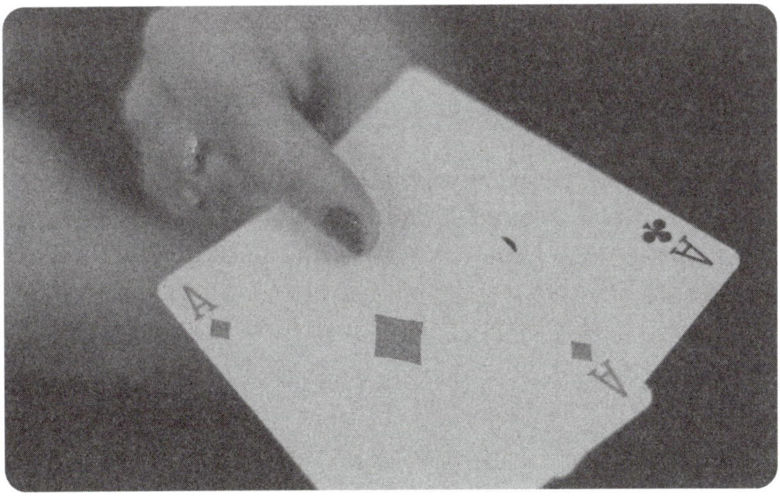

Tant qu'un homme ou une femme perpétue ce double jeu entre ses désirs et ses incohérences, il est très difficile de miser sur une conclusion heureuse.

Le meilleur indicateur de notre capacité à atteindre nos objectifs reste la maîtrise de nos émotions afin d'élever notre fréquence vibratoire.

Dès que nous avons un sentiment de mal-être, c'est le signe que nous ne sommes plus en phase avec nos désirs. **Chaque fois que nous avons conscience d'émettre une fréquence négative, nous devons comprendre la nécessité de nous remettre au diapason avec le bien-être dans un joyeux sentiment d'expectative.**

La seule chose qui compte est notre regard

Dans le monde quantique, tous nos plus beaux possibles se côtoient. C'est ainsi qu'il existe, en cet instant une extraordinaire version de vous-même dans l'abondance, le bonheur, l'amour, attendant tout simplement que votre conscience l'appelle. Seule votre approche des circonstances vous en éloigne ou vous en rapproche.

« Il y a deux façons de voir la vie : l'une est de croire que les miracles n'existent pas, l'autre est de croire que tout est miracle »
Albert Einstein

Tranche de vie

Gérard, Philippe et leurs couples respectifs

« Nous ne l'avions pas programmé, du moins consciemment, mais mon frère et moi nous avons divorcé à la même période, raconte Philippe.

Il se trouve que, de chaque côté, les situations étaient assez semblables, chacun possédant une maison dont le prêt était loin d'être remboursé, leur permettant à peine de payer le solde du crédit.

Personnellement, je suis du genre à pouvoir partir les poches vides avec un simple sac à dos. Je ne dis pas que c'est mon rêve, mais c'est quelque chose que j'accepte et qui ne me fait pas sombrer dans la négativité.

La seule chose qui comptait pour moi, c'est que la séparation soit vécue au mieux par mon petit garçon de 10 ans. C'est pourquoi j'ai accepté de repartir à zéro, laissant la maison à ma femme, car je ne voulais pas que mon fils connaisse, en plus de la rupture, la tristesse de perdre la maison dans laquelle il avait vu le jour.

Avec le recul, je ne regrette pas d'avoir agi ainsi, refusant de me laisser aller à de basses vibrations. La suite des événements m'a vraiment donné raison. Aujourd'hui, j'ai refait ma vie avec une fille formidable, ma situation financière est plus que correcte et nous possédons une maison encore plus agréable que la précédente.

Pendant ce temps, c'était tout le contraire pour mon frère, qui faisait une fixation sur la question d'argent.

•••

Tranche de vie

Le parcours de Gérard et de Philippe *(suite et fin)*

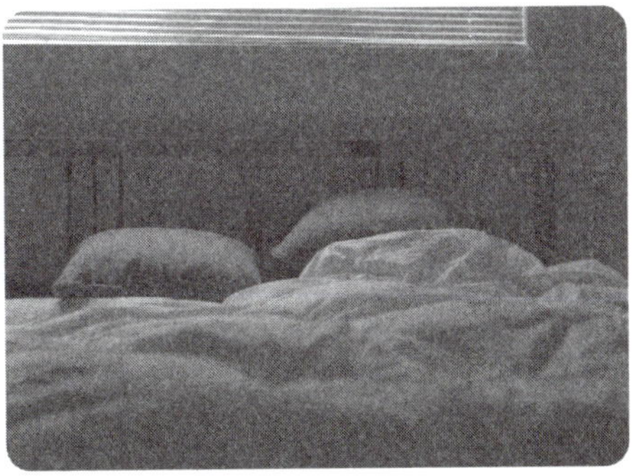

Ne voulant rien lâcher, lui et son épouse ont engagé une guerre qui dure depuis huit ans.

Depuis, il enchaîne problème sur problème, tant sur le plan de sa santé qu'au niveau financier, mais il est tout simplement incapable de faire le lien entre son état et sa négativité. J'ai essayé de le lui expliquer, mais il est résolument fermé à cette évidence. Pour lui, l'idée que l'on crée sa vie avec ses pensées n'est que du pipeau.

Aujourd'hui, quand les gens nous croisent ensemble, ils sont persuadés que Gérard a dix ans de plus que moi, alors que je suis pourtant son aîné d'un an. »

Les notes complices
de notre couple

Cette page vous sert à noter ce qui vous passe par la tête à l'instant présent. Notez-y vos envies, vos souvenirs, vos idées, vos pensées. **Ensemble ou séparément.**

Les dessins complices
de notre couple

Cette page vous sert à dessiner ce qui vous passe par la tête à l'instant présent. N'importe quoi, un projet, une idée, une envie. Chacun à votre tour.

Faites-le avec une totale spontanéité en retrouvant votre âme d'enfant.

Chapitre 10

LE MIRACLE QUANTIQUE DU PARDON

Viser le meilleur, devenir responsable

Qu'on le veuille ou non, nous sommes dans un processus de création constante. Trop de gens ne perçoivent pas leur pouvoir de créer et perdent leur temps à juger les autres ou les circonstances, au lieu de s'employer à poser les bases d'un futur joyeux.

Heureusement, plus nous conscientisons ce pouvoir actif en nous, plus il est facile d'agir sur notre vie et de l'améliorer de manière prodigieuse. Si, trop souvent, nous obtenons le contraire de ce que nous désirons, c'est que nos peurs, nos doutes nous dirigent alors que ce devrait être nos désirs qui prennent le pas sur le reste.

Dans tous les cas, ce n'est pas avec l'espoir insensé de contrôler le comportement des autres que l'on peut y parvenir. Devenir responsable, c'est prendre définitivement conscience de cela pour ensuite agir sur la seule personne capable de changer quelque chose à notre destin, nous-mêmes.

Il nous incombe de penser, d'agir d'une certaine manière si nous voulons développer et entretenir une belle vibration.

Nous devrions observer nos émotions en permanence, car elles sont le miroir de notre état vibratoire, et nous poser la question : est-ce que ce que j'émets en ce moment peut m'attirer de belles expériences ?

Dans le pardon, il y a clairement une grande part d'intelligence, car en fait, le plus grand cadeau n'est pas pour ceux qui nous ont blessés, mais pour nous-mêmes.

Ressentir une émotion négative devrait toujours être compris comme un appel à changer d'énergie. Au sens large, un choix entre l'amour et la peur est toujours possible.

Les seuls beaux yeux sont ceux qui vous regardent avec tendresse.

Coco Chanel

Tranche de vie

Paul : « Plus jamais, je ne chercherai à contrôler quelqu'un que j'aime »

« Un jour, mon frère, témoin de mon intransigeance avec mon épouse, me fit une réflexion que je n'ai pas du tout appréciée sur le moment : **"Tu as vraiment de la chance que Claudine te supporte, tu es toujours sur son dos comme si c'était une enfant."**

Sur le moment, sa remarque était loin de me faire plaisir, et puis de quoi se mêlait-il ? Est-ce que je lui en donnais, moi, des conseils sur son couple ? »

Passé la stupéfaction et l'énervement, je me suis rendu à l'évidence, il avait raison et je jouais un jeu sans doute dangereux. Moi, qui déteste que l'on me donne des ordres, sans m'en rendre compte, j'étais toujours en train de dire à ma femme ce qu'elle devait dire ou penser. Dans le même temps, il était vrai que cette formule n'avait rien de miraculeux, notre vie de couple s'enlisait dans de plus en plus d'incompréhensions. »

Chaque nouvelle journée est un test ; nous pouvons la vivre, tournés vers le passé et vers les regrets, mais nous pouvons aussi décider de faire en sorte qu'elle soit le prélude de lendemains joyeux en cultivant d'ores et déjà la joie.

« Jamais je n'ai parlé de cette conversation avec mon épouse mais de ce jour, j'ai cessé d'agir de la sorte. Au lieu des reproches, j'ai multiplié les attentions, la complimentant sur ses tenues, sa coiffure, sa cuisine... tout cela sans chercher à en faire une deuxième édition de moi-même.

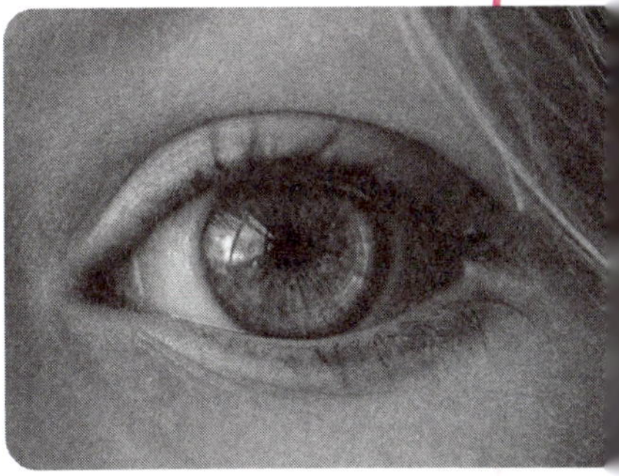

•••

Tranche de vie

Le parcours de Paul *(suite et fin)*

Très vite, ces petits changements ont fait une grande différence. Moins je la contrôlais, plus elle se rapprochait. En quelques semaines nous avons retrouvé une complicité amoureuse bien agréable alors que nous étions devenus de simples colocataires. »

La vie ne nous donne pas ce que nous voulons mais ce que nous ressentons. « Plus jamais, je ne chercherai à contrôler quelqu'un que j'aime, il y a tellement mieux à faire. »

HEU JE NE SAIS PAS QUOI TE RÉPONDRE ! JE NE SAIS PAS DONNER DES CONSEILS !
?
FREINE TON ENVIE DE CONSEILLER. ÉCOUTE PLUTÔT !
MAIS IL FAUT BIEN PENSER À CE QUE JE VAIS RÉPONDRE
NE PRÉPARE PAS TA RÉPONSE PENDANT QU'ELLE PARLE, ÉCOUTE !
HEU... OUI... TU DISAIS ?
LES CONSEILS SONT BIEN SOUVENT UNE FUITE PAR PEUR DE S'IMPLIQUER DANS UNE RELATION AUTHENTIQUE

Sortir de la spirale des déceptions

Nos pensées dominantes s'expriment sur l'écran de l'espace, elles font ainsi notre avenir. C'est pourquoi notre monde change quand nous émettons une nouvelle fréquence. Malheureusement, les gens, déconcertés par leurs problèmes, s'en prennent généralement à l'extérieur.

Ils ignorent que jamais ils ne parviendront à améliorer leur situation en espérant contrôler les autres ou les circonstances. Quand la réalité finit par les rejoindre, un bon nombre s'installe dans le renoncement, oubliant que la seule chose en leur pouvoir, c'est le contrôle de leur propre vibration.

Une personne, persuadée que sa vie sentimentale sera compliquée, s'attirera inévitablement des relations venant confirmer la basse vibration associée à cette conviction. Le fait d'avoir multiplié les histoires désastreuses ne signifie pas qu'une personne soit condamnée à cela, mais doit se voir comme un signe fort de la nécessité de changer d'énergie.

Aussi longtemps que nous persévérons dans un ancien système de pensées, les choses n'ont aucune raison de changer.

Les informaticiens ont inventé une formule qui illustre parfaitement la nécessité de repartir sur de nouvelles bases : le *reset*, c'est-à-dire la remise à zéro.

Mais un véritable « reset » passe par une étape incontournable : l'acceptation. En effet, maudire une difficulté n'a d'autre effet que de nous lier un peu plus à celle-ci.

Tranche de vie

Amanda découvre son pouvoir de créer

« Ma vie sentimentale a toujours été destructrice, manifestement je devais avoir un don pour attirer les hommes qui profitent de moi.

Il est vrai que mon côté Mère Teresa ne m'aidait sûrement pas à poser mes limites. Toujours disponible, je me retrouvais encore une fois anéantie par la fin d'une relation dans laquelle j'avais encore mis trop de moi.

Un jour, ma fille m'a dit : "Le problème c'est sans doute toi, tu ferais bien de t'intéresser à la loi d'attraction." Jamais à 50 ans je n'avais entendu parler de cette loi. Elle m'expliqua que, selon celle-ci, nous attirons dans notre vie ce à quoi nous accordons notre attention. Je n'ai eu aucun mal à accepter cette idée que l'on attirait les circonstances comme la foudre et le paratonnerre. Beaucoup de choses s'éclairaient pour moi car en fait, cette loi, je réalisais l'avoir toujours utilisée mais à mes dépens, au travers de mes peurs.

Il fallait que je change tout, vraiment tout, à commencer par accepter le fait que mon mari avait choisi de partir avec une autre femme. Penser à cela en permanence depuis près de vingt ans ne m'avait effectivement pas réussi.

J'ai donc cessé définitivement de me plaindre, et veillé à arborer le plus possible un grand sourire, ce geste si simple mais si puissant pour se sentir mieux immédiatement. Au début, j'avais un peu l'impression de me forcer mais maintenant cela fait partie de moi.

Déjà, je me sens bien avec moi-même, ce qui est bien agréable et, en plus, cela a déjà changé ma vie au moins sur un point, mes affaires ne se sont jamais aussi bien portées. Je n'ai même plus besoin de discuter quand je présente un devis, c'est quasiment magique.

Quant à ma vie sentimentale, je suis toujours seule, mais j'ai confiance en demain et j'accepte ma solitude sans état d'âme. Je sais que mon changement d'énergie se concrétisera un jour ou l'autre aussi dans ce domaine et me fera rencontrer la bonne personne pour moi. »

Pardonner, le miracle quantique

Aucune journée ne mérite d'être vécue dans la douleur de la rancune. Le prix à payer est exorbitant quand on mesure combien cela affaiblit notre vibration. Il l'est encore plus quand on découvre sa puissance souveraine pour nous propulser vers la joie et la liberté.

Le pardon n'est pas un acte de sainteté mais d'intelligence

Dans le pardon, il y a clairement une grande part d'intelligence, car en fait, le plus grand cadeau n'est pas pour ceux qui nous ont blessés, mais pour nous-mêmes.

Vivre dans la rancune signifie rester attaché à sa souffrance. Longtemps, l'idée de pardon a été considérée comme ne pouvant venir que de Dieu ou de Ses représentants. La logique a voulu que l'on en fasse alors une vertu comme si elle n'était accessible qu'à des êtres d'exception.

Libérez-vous en pardonnant

Tranche de vie

Julie : « On m'a dit que j'étais folle de pardonner ! »

« Mon mari et moi étions très proches, du moins en apparence car je suis tombée de haut. Il avait toujours été convenu que je resterais à la maison pour veiller à l'éducation de nos deux garçons. J'avoue que cela ne me punissait pas car j'avais grand bonheur à créer un foyer plein d'amour et à tout faire pour que mes fils aient les plus belles chances réussir. Nous avions une belle maison, mon mari gagnait confortablement sa vie, les choses étaient faciles.

Un jour, cependant, j'ai parlé à mon mari de mon idée d'ouvrir une boutique de prêt-à-porter. La mode m'intéresse depuis toujours et puis les enfants n'avaient plus autant besoin de moi en permanence, alors pourquoi pas ? J'avais même trouvé un très bon emplacement pour ce projet et engagé des relations avec une belle marque prête à me suivre. »

Il est vrai que Julie aurait eu toutes les bonnes raisons de ne jamais le faire si elle n'avait écouté que son ego, lui qui aime tant se nourrir de nos rancunes.

« Mon mari m'a vite fait comprendre son peu d'enthousiasme pour ce projet, tout au moins dans l'immédiat. C'était chercher des problèmes bien inutiles : comment ferions-nous par exemple pour les vacances et puis nous n'en avions pas besoin financièrement. Il me rappela en même temps que tout cela avait été bien défini par le passé, que je m'étais engagée à faire une priorité de l'éducation de nos enfants. J'avoue que je n'ai pas discuté longtemps car j'aimais mon mari et, en définitive, ma vie ne me déplaisait pas même si d'autres femmes ne l'auraient pas trouvée suffisamment palpitante. Quelques mois plus tard, je manque de m'évanouir quand mon mari m'annonce qu'il s'ennuie avec moi et qu'il veut divorcer. Le soir même, il vient chercher ses affaires, sans dire un seul mot, devant nos fils médusés. »

•••

Tranche de vie

Le parcours de Julie *(suite et fin)*

Pardonner propulse à un niveau supérieur dans le jeu quantique. Rien n'est plus puissant pour atteindre la joie et la liberté.

« Par la suite, chaque fois que j'étais seule, je pleurais mais le reste du temps il fallait que je tienne pour mes fils. Le monde s'était effondré sous mes pieds et sans eux je pense que j'aurais mis fin à mes jours.

Je n'étais pourtant pas encore au bout de mes surprises. Un jour en faisant des courses, je constate qu'une nouvelle boutique vient de s'ouvrir à "mon endroit" avec "ma marque". En y entrant, j'aperçois une superbe blonde derrière le comptoir.

J'ai compris dans la seconde que j'avais en face de moi la maîtresse de mon mari. J'étais la dernière des gourdes, comment avais-je pu être aussi bête ? Mon mari se moquait de moi au-delà de l'imaginable et je n'avais rien vu. »

Beaucoup trop de gens pensent encore que se venger peut les rendre moins malheureux. Pardonner est la meilleure manière de s'alléger.

« Depuis, plus d'une fois, j'ai entendu dire : "Je crois que je l'aurais tué à ta place, je ne comprends pas que tu aies pu lui pardonner !"

Cela ne veut pas dire que je n'ai pas été malheureuse, et les mots sont faibles pour exprimer la souffrance que j'ai ressentie à l'époque, mais je me félicite d'avoir su tourner la page.

J'ai maintenant un beau magasin qui ne désemplit pas où il n'est pas rare que des clientes me racontent leurs peines de cœur. Manifestement, celles qui restent figées dans la rancœur semblent s'attirer problème sur problème. J'essaie, quand l'occasion m'en est donnée, de les inviter à lâcher prise, mais ce n'est pas toujours facile. Beaucoup trop de gens pensent encore que se venger peut les rendre moins malheureux. »

Les notes complices
de notre couple

Cette page vous sert à noter ce qui vous passe par la tête à l'instant présent. Notez-y vos envies, vos souvenirs, vos idées, vos pensées. **Ensemble ou séparément.**

Tranche de vie

Claudia et sa peur des hommes trop beaux

Rien n'arrive par hasard, comme l'a compris tardivement Claudia qui refusait l'idée d'épouser quelqu'un de trop séduisant.

« Cela peut sembler étrange comme comportement, mais j'avais tellement vu mon père faire souffrir ma mère. C'était vraiment ce que l'on appelle un bel homme, mais le problème est qu'il l'était sans doute trop, toutes les femmes n'avaient d'yeux que pour lui.

Petite fille, je ne comprenais pas la raison de toutes ces disputes à la maison qui se terminaient par des larmes. Avec le temps, je crois que ma mère en a pris son parti, voulant certainement nous préserver d'un divorce, mon frère et moi. Et puis de toute façon, cela ne se faisait pas à l'époque.

Je la revois, quand j'étais plus grande, jouer la carte de l'humour lorsqu'elle devait répondre à des gens bien intentionnés, lui faisant des allusions aux frasques de mon père, avec des phrases du genre : "La jalousie est un vilain défaut", ou encore "elles voient de quoi je me contente".

Si elle faisait semblant de prendre les choses à la légère en apparence son corps, lui, ne trichait pas. Je suis persuadée que son cancer de l'utérus n'est pas étranger à toutes les humiliations qu'elle a dû subir pendant tant d'années.

Cerise sur le gâteau, mon père n'a rien trouvé de mieux que de partir à l'étranger avec une jeune maîtresse, laissant ma mère se débrouiller pour tout. Après, on n'a plus jamais entendu parler de lui.

Aussi, quand un garçon trop séduisant me regardait ou essayait de m'approcher, je préférais tout de suite couper court, j'avais trop peur de vivre le même enfer qu'elle.

•••

Tranche de vie

Le parcours de Claudia *(suite et fin)*

C'est ainsi que je me suis mariée avec Pierre, qui paraissait tellement sérieux et n'avait rien d'un Alain Delon ou d'un Tom Cruise. Je me disais : "Celui-là, au moins, il ne me ridiculisera pas !" En fait, il a fini par bel et bien me tromper. La seule différence avec l'attitude de ma mère est que je ne suis pas restée, d'autant que nous n'avions pas d'enfant.

Le pire dans l'histoire, c'est que je m'étais interdit de regarder un beau voisin qui a finalement épousé une de mes cousines. J'ai toujours l'occasion de les fréquenter et je suis certaine qu'il lui est resté fidèle. Ils sont manifestement dans une belle harmonie et cela fait trente ans que cela dure.

Avec le recul je n'en veux pas à Pierre, **je sais maintenant que c'est tout simplement ma peur qui s'est concrétisée.** Avec un autre que lui, cela se serait sans doute terminé de la même façon. »

La peur de perdre ce que l'on a nous empêche d'atteindre ce que l'on est.

Saint-Augustin

Chapitre 11

LA REPROGRAMMATION QUANTIQUE

Soyez tous deux en état d'éveil

Reprogrammez vos cerveaux

Notre cerveau ne se contente pas d'interpréter le monde, il le crée, mais à une condition : il ne peut faire que ce qu'il pense capable de réaliser.

Le changement implique les quatre zones du cerveau, il sera d'autant plus facile que chacune de ces différentes zones sera impliquée :

1. **Le cerveau médian, siège de nos émotions**
2. **Le cerveau droit, siège de nos représentations imaginaires**
3. **Le cerveau gauche, siège de la logique, du sens que l'on donne aux choses**
4. **Le cervelet, siège du conditionnement par l'ÉCRITURE**

1 *Première étape*

Clarifiez vos intentions

Il est important de déterminer vos intentions de manière précise pour porter votre attention consciente sur ce que vous voulez. Sans intention claire, votre pouvoir de création est dispersé, souvent contradictoire. Vous pouvez par exemple avancer dans l'espoir d'une nouvelle relation pour retomber, quelques instants après, dans vos vieilles habitudes de découragement en observant votre solitude.

Pour donner de la force à vos intentions, prenez le soin de les écrire.

Au choix, par exemple :

« J'ai l'intention d'attirer la personne de mes rêves »

« J'ai l'intention de retrouver la complicité dans mon couple »

Ensuite, décrivez avec clarté pour quelles raisons vous avez cette intention. Détaillez également toutes les émotions que vous associez à la réalisation de votre souhait.

Soyez dans la spontanéité, n'hésitez pas à écrire tout ce que vous reliez à l'accomplissement de votre désir. Plus vous mettrez de passion et de ferveur dans votre évocation, plus votre cerveau médian sera concerné.

« JE VEUX » OU « J'AI L'INTENTION » ?

On peut se poser la question de savoir quelle est la meilleure formule. Il est tout à fait possible d'employer l'expression « Je veux » plutôt que « J'ai l'intention », mais à la seule condition que cela ne soit pas associé à un esprit d'exigence.

Établir vos demandes au travers d'une intention offre le grand avantage de supprimer la notion de lutte, c'est simplement une invitation à voir les choses entrer dans votre vie.

Rappelez-vous toujours que vous êtes des êtres vibratoires et que, dans le jeu quantique, vous n'obtenez pas ce que vous voulez mais ce que vous ressentez.
Dans tous les cas, la formulation de votre désir doit toujours s'exprimer positivement.

Écrivez par exemple : « Je veux retrouver l'amour », et non pas « Je ne veux plus être seul·e ».

2 *Seconde étape*

Voyez vos désirs se réaliser

Il s'agit là d'une clé essentielle. Notre vision est la promesse de ce que nous serons un jour.

Au niveau quantique, votre désir existe déjà dans l'invisible. Il n'est donc pas nécessaire de lutter, il suffit d'utiliser votre capacité créatrice pour le rejoindre.

Pour cela, assurez-vous d'être au calme, puis installez-vous confortablement. Ensuite, fermez les yeux et, une fois le calme installé dans votre corps et votre esprit, projetez-vous mentalement dans l'image de votre désir accompli.

Il s'agit de vous unir mentalement et émotionnellement à votre désir, en imaginant fréquemment son accomplissement. Vous devez vous voir et vous sentir en train de vivre cette expérience que vous souhaitez.

Ce procédé, en apparence si simple, se révèle d'une puissance extrême car projeter sur l'écran de votre esprit un film mental de manière répétée crée une profonde impression sur votre subconscient.

Contemplez la réponse à votre désir jusqu'à ce que vous en arriviez au sentiment de satisfaction de sa réalité. Sa simple évocation doit déjà vous rendre heureux.

Une fois l'idée transmise à votre subconscient, il la concrétise en tant qu'expérience ou événement, en activant une série de fréquences dans le champ électromagnétique qui vont mettre en route des forces invisibles.

Quand il est difficile de visualiser une situation qui comporte trop d'inconnues, un excellent stratagème consiste à s'engager dans une conversation imaginaire avec un être cher. Il vous suffit de lui faire dire ce que vous voulez entendre.

Tranche de vie

Le cas d'Audrey

C'est ce qu'a fait Audrey : « Je savais l'importance de la visualisation car je l'avais déjà pratiquée avec succès en particulier au moment de mes examens, ainsi que pour mes compétitions de tir à l'arc, mais concernant ma vie amoureuse, je bloquais.

En effet, sentimentalement pour moi, c'était le grand vide et j'étais vraiment incapable de me représenter au bras d'un homme que j'aimais, impossible de lui donner un visage.

C'est là que j'ai contourné le problème. Puisque l'idée de donner un visage me semblait utopique, je me suis lancée dans des conversations imaginaires avec une amie. Nous étions ensemble, parfois au café, parfois dans sa cuisine, et je l'entendais me dire, maintes fois, combien j'avais de la chance d'avoir trouvé quelqu'un d'aussi formidable.

J'ai fait cela avec application pendant plusieurs semaines, au moins deux fois par jour, souvent plus et aujourd'hui, je suis la plus heureuse des femmes. Le destin a mis un être merveilleux sur ma route et je suis persuadée que c'est grâce à ces petits rituels quotidiens. »

Soutenez votre vision
Utilisez le pouvoir des affirmations

Bien que le fait de poser une intention et de visualiser son accomplissement dans la gratitude soit suffisant en lui-même pour obtenir des résultats, il est possible également d'exploiter le pouvoir des mots par des affirmations. La répétition reste un des grands moyens d'apprentissage du cerveau.

Soyez dans l'affirmation au présent !

À la manière du célèbre « Sésame, ouvre-toi ! » qui a ouvert la caverne d'Ali Baba avec tous ses trésors, la parole est associée à juste titre à un pouvoir. Cela d'autant plus quand la répétition intervient, car c'est alors le fait de répéter qui mène à la croyance.

Une affirmation doit toujours s'exprimer au présent et à la première personne, et bien sûr, être prononcée à maintes reprises avec conviction pour créer de nouvelles connexions neuronales. Elles seront d'autant plus efficaces qu'elles entreront en résonance avec vous.

Pour cela, elles doivent être réalistes, il ne s'agit en aucun cas d'avoir le sentiment de se mentir à soi-même, l'effet serait inverse, déclenchant un conflit intérieur.

Formulez vos intentions par écrit

Formuler vos intentions sur le papier est un premier pas dans leur matérialisation. Il faut savoir également qu'une affirmation demande en principe 21 à 30 jours pour s'inscrire dans le cerveau, et ainsi le reprogrammer.

Voici quelques exemples d'affirmations puissantes que vous pourrez prononcer haut et fort ou recopier si elles vous touchent émotionnellement.

Je mérite l'amour, je mérite le plaisir

Merci la vie pour mon partenaire idéal

Les joies de l'amour sont pour moi

Le meilleur me parvient dans tous les domaines

J'attire une relation aimante dans ma vie

Ici encore, vous pouvez réciter ou transcrire à deux, cela renforcera vos intentions respectives et les mettra à l'unisson.

Récitez vos intentions haut et fort !

Formulez chacun 3 intentions à destination de votre couple

Pour Madame Je formule 3 intentions pour mon couple par écrit

1 ....

....

2 ....

....

3 ....

....

Pour Monsieur Je formule 3 intentions pour mon couple par écrit

1 ....

....

2 ....

....

3 ....

....

Le contact avec les animaux renforce vos liens avec l'Univers

Remettez vos limitations en cause

La nécessité d'entretenir des croyances positives est chaque jour mise un peu plus en avant. Vos croyances vous gouvernent d'autant plus que, sans en avoir la moindre conscience, vous cherchez à vous prouver leur vérité.

Quand on avance avec la conviction que nous ne trouverons jamais la bonne personne, le cerveau n'a aucune raison de la remettre en question, tant qu'il n'y a aucune prise de conscience qu'il ne s'agit pas d'une vérité absolue.

Tranche de vie

C'était le cas de Catherine...

« Je n'avais jamais pensé à l'influence que pouvaient avoir nos croyances avant de lire un article sur ce sujet, mais cela me fait comprendre beaucoup de choses. Ma sœur et une cousine de mon âge ont vu, en l'espace de trois mois, leurs maris partir alors qu'elles étaient enceintes, restant effondrées.

Les deux histoires qui sont arrivées en quelques mois ont fait beaucoup de bruit dans la famille. J'ai alors fait l'équation toute simple : amour = danger. Si c'était pour avoir le cœur brisé, mieux valait rester seule !

C'est ainsi que j'ai fait une croix sur ma vie sentimentale, mettant toute mon énergie dans mon métier. **Je réalise aujourd'hui qu'accepter l'idée que les histoires d'amour finissent toujours mal n'avait aucun sens.**

J'ai bien sûr une très grande réussite professionnelle que beaucoup envient, mais dire que je n'ai pas de regrets et que cela me réjouit d'être restée seule, c'est une autre histoire. »

Cultivez des vibrations positives au sein de votre couple

Notre fréquence vibratoire est intimement liée à nos émotions. La joie, comme la gratitude, détient le formidable pouvoir de nous propulser vers de hautes vibrations.

L'erreur commune consiste à relier notre capacité d'exprimer des émotions positives à un événement du futur en se disant : « Quand j'aurai ce que je veux, alors je serai heureux et je pourrai exprimer ma gratitude. » Certains attendent ainsi toute leur vie.

Nos émotions sont des messagères avant tout. En permanence, elles indiquent si nous avançons dans une dynamique de connexion avec nos désirs ou bien si, au contraire, nous nous en éloignons. Une joyeuse excitation, par exemple, sera du meilleur augure quand nous avons un projet, à l'inverse d'une fébrilité nerveuse.

À chaque fois que nous ressentons une émotion négative, elle devrait d'abord être comprise comme la nécessité de prendre du recul afin de se rediriger dans une meilleure énergie.

Pour cela, il ne s'agit pas d'essayer de remplacer une pensée négative par une pensée positive, chose à laquelle le cerveau va commencer par résister.

Il est grandement préférable de revenir tout de suite à une intention qui s'inscrit dans une meilleure perspective comme : « J'ai l'intention de vivre dans l'harmonie, j'ai l'intention de vivre dans la complicité », pour élever notre niveau vibratoire.

Satisfaire notre désir d'amour, comme celui d'argent, ou de tout ce qui nous préoccupe, demande de comprendre que le premier tabou que nous devons briser est celui de l'idée de son absence.

Nos désirs existent déjà dans le champ quantique, n'attendant qu'une seule chose : qu'on les rejoigne.

Définitivement, notre monde mental et notre monde matériel sont inséparables, les seules limites étant celles que nous nous imposons en oubliant que nous évoluons dans un univers de possibilités.

Le changement doit s'inscrire dans nos cellules

Il est parfaitement inutile de répéter une affirmation positive du genre « Je suis bien dans ma peau », si notre corps vient manifestement dire le contraire avec une attitude de repli.

Demandez à quiconque de fermer les yeux et de revivre un épisode important de son existence. Si la personne se prête sérieusement au jeu, il ne vous faudra pas longtemps pour deviner si elle revit un événement positif ou critique, simplement en observant sa respiration, sa gestuelle. L'émotion ravivée aura déterminé une attitude corporelle bien précise.

Chose extraordinaire, reproduire une posture identique conduit rapidement à ressentir le même état émotionnel que la personne prise pour modèle. Le corps se révèle aussi puissant, sinon plus que le mental pour générer des émotions.

Une telle observation est d'un intérêt majeur car cela signifie que, pour se sentir joyeux, il suffit d'adopter une gestuelle joyeuse.

Une fois que l'on en a pris conscience, il est extrêmement facile pour toute personne valide d'incarner délibérément le bonheur avec un visage souriant, une respiration ample, un buste redressé, une voix assurée, des gestes larges.

La seule règle étant de veiller à ne jamais s'installer dans une attitude de repli sur soi.

En permanence, il nous faut être attentifs à la nature de la vibration que l'on génère puisqu'elle est créatrice de notre avenir. Il existe un moyen puissant pour rester dans le sens du courant, c'est rechercher notre mieux-être tout en sachant apprécier ce que l'on a déjà.

Le processus de création universelle est toujours à l'œuvre. « Demandez, vous recevrez ! » n'est pas une fausse promesse, même si cela nous paraît souvent bien trop simple.

Nous devrions prendre exemple sur les enfants qui ont le don d'obtenir ce qu'ils veulent. Lorsqu'ils font une demande, ils s'attendent naturellement à ce qu'elle soit satisfaite, ne s'embarrassant pas de questions sur le comment ou le pourquoi. À la différence des adultes, ils n'interposent pas leurs peurs avec la source, que celle-ci prenne le visage des parents, des grands-parents ou d'un ami de la famille.

Évitez de lutter

Tranche de vie

Julie et l'homme de ses rêves

Julie s'était autorisée à redevenir enfant le jour où elle a écrit ce texte en pensant à la vie de ses rêves.

« J'ai rencontré un homme vraiment merveilleux. Nous avons fondé un foyer où règne la joie avant toutes choses. Notre quotidien est marqué par de nombreux éclats de rire.

Nous avons la chance de vivre dans l'abondance et de pouvoir beaucoup voyager. La maison où nous vivons est très agréable, pleine de lumière, remplie d'œuvres d'art avec un magnifique jardin et une belle vue sur l'océan. Deux beaux enfants, en pleine santé, complètent notre bonheur, c'est merveilleux. Je me suis amusée à lire cela pendant quelques semaines, puis un jour, je n'en ai plus éprouvé le besoin ou pas pris le temps, je ne me rappelle plus. Quelle n'a pas été ma stupéfaction quand, au moins quinze ans après j'ai retrouvé mon message à l'Univers dans un vieux sac à main que je m'apprêtais à jeter. Ces lignes décrivaient ce qu'était devenue ma vie de manière saisissante, c'est absolument incroyable. Une seule chose manque au tableau, nous n'habitons pas au bord de la mer. »

Julie ne devrait pourtant pas s'étonner d'avoir obtenu les choses si facilement car, sans le savoir, elle avait mis en œuvre un principe essentiel pour libérer cette force qui donne vie à nos désirs : LE DÉTACHEMENT.

En pratique EXERCICE À 2

Lâchez prise

Utilisez le pouvoir des affirmations

Écrivez ce que vous souhaitez adresser comme message à l'Univers, pour vous personnellement et pour votre couple en même temps.

Pour Madame — Ma déclaration à l'Univers

Pour Monsieur — Ma déclaration à l'Univers

BONJOUR ! QUOI DE NEUF AUJOURD'HUI ?
PAS GRAND-CHOSE !
TOUT

Les notes complices
de notre couple

Cette page vous sert à noter ce qui vous passe par la tête à l'instant présent. Notez-y vos envies, vos souvenirs, vos idées, vos pensées. **Ensemble ou séparément.**

Les dessins complices
de notre couple

Cette page vous sert à dessiner ce qui vous passe par la tête à l'instant présent. N'importe quoi, un projet, une idée, une envie. Chacun à votre tour.

Faites-le avec une totale spontanéité en retrouvant votre âme d'enfant.

Chapitre 12

LES MOTS QUANTIQUES DU COUPLE

Que serait l'Amour sans les mots ?

Quoi de plus beau que le fait de dire à la personne que vous aimez ce que vous ressentez pour elle, tout en lui disant aussi ce qu'elle représente pour vous ?

Grâce à l'énergie dont ils sont chargés, les mots sont vivants et peuvent être source d'Amour, de créativité, de beauté, de positivisme, et donc de vie.

> Les mots sont la nourriture de l'âme.

Plus leur énergie est grande, plus ils sont puissants.

Ces mots sont si forts, qu'un seul d'entre eux, pensé, prononcé et vécu positivement et avec conviction, apporte succès et abondance, bien-être et réconfort. Puisez vos inspirations et vos forces dans chaque message que ces mots vous livrent avec générosité.

Chaque son résulte de vibrations par lesquelles il est identifié, pour exercer une influence bien précise.

C'est de cette manière que l'on distingue les notes de musique. En associant plusieurs notes, on compose des mélodies. Selon les arrangements musicaux, les effets sonores sont très différents d'une composition à l'autre.

Les mots sont comme autant de notes de musique quantique

Tout comme les notes de musique, chaque son existant au sein d'un mot provient lui aussi de ses propres vibrations. Comme les voyelles et les consonnes s'associent pour former des mots, chaque mot constitue une vibration unique.

Dès qu'un mot est créé, il existe par lui-même. Chaque fois qu'il est prononcé, écrit, entendu, lu ou simplement pensé, un échange d'énergie se produit. Son énergie exerce un effet sur tout votre être, en passant par votre cerveau et vos synapses.

L'effet provient de 2 sources :
- la vibration émise par l'ensemble des lettres qui composent chaque mot,
- l'ensemble des perceptions que les humains ont de ce mot chaque fois qu'ils l'énoncent.

Le sens d'un mot est sa personnalité, un mot vit au sens propre du terme, tout comme une personne a sa propre identité. Pensez au mot PAIX et laissez-vous imprégner par lui ; dites à quoi il vous fait penser, évoquez les images et les émotions auxquelles vous l'associez. À présent, faites l'expérience avec le mot GUERRE, et constatez l'effet que ce mot provoque sur vous, en comparaison avec le mot PAIX.

L'importance des mots

Ils ne sont jamais anodins et se chargent d'énergie émotionnelle, dont nous sommes responsables envers nous-mêmes et envers les autres. Les mots sont comme des graines que l'on plante pour les voir pousser.

Soyons conscients d'être responsables de la valeur des graines que nous enfouissons dans l'inconscient.

N'oublions pas que ce qui germera donnera des pensées qui, elles-mêmes, généreront des comportements qui, eux-mêmes, induiront des actions qui façonneront notre monde et les circonstances de nos vies.

Les mots sont magiques

Vous n'y prêtez sans doute pas attention car vous les banalisez par inattention.

Pourtant prononcer un simple mot, c'est toute une magie, celle-là même qui crée toute chose. À tel point que vous devenez ce que vous prononcez tout au long de la journée, sans même vous en rendre compte.

Les mots sont les symboles vivants des idées qui constituent toutes pensées, toutes choses et tout être de ce monde. Chaque idée véhiculant de l'énergie, chaque mot prononcé dégagera lui aussi une force créatrice qui correspond exactement à l'idée évoquée.

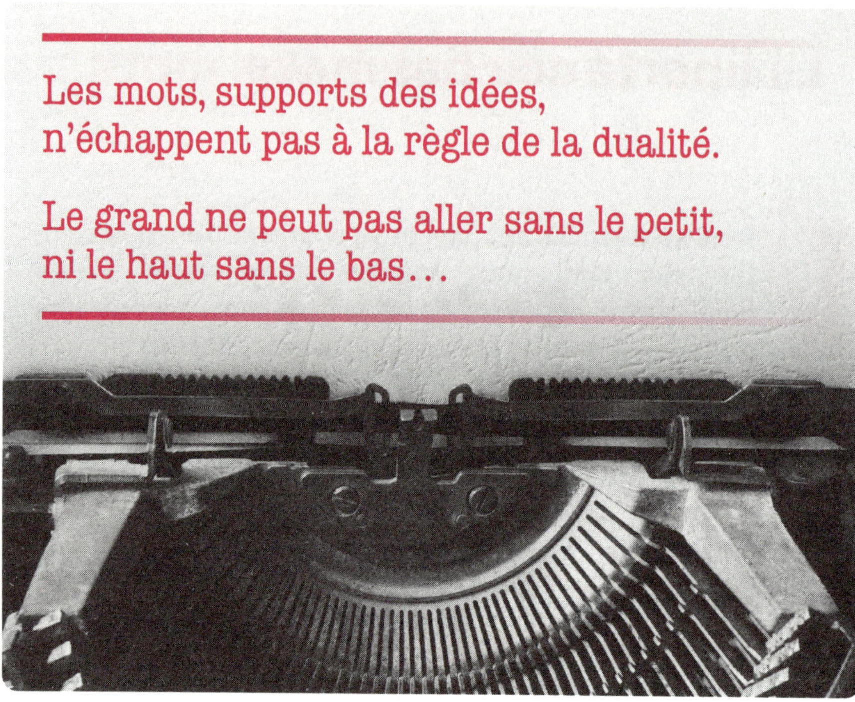

Les mots positifs

Les mots positifs, symboles des idées positives, dégagent des forces dynamisantes, qui entraînent à leur tour des actions positives, sources de joie et de bien-être.

Les mots négatifs

En revanche, les mots négatifs, supports des idées négatives, transportent de basses énergies, qui, à leur tour et sans exception, sont des causes évidentes de toutes sortes de malheurs et de mal-être.

Vous récoltez toujours ce que vous semez,
bon ou mauvais, en vous et à travers vos pensées.
Vous devenez ce que vous prononcez de positif ou de négatif.
Vous subissez toujours les effets et les conséquences
de vos propres choix en pensées et paroles.

La liberté de choisir vos mots

Vous êtes, à tout moment, totalement libre de choisir les idées que vous désirez exprimer, les mots que vous souhaitez prononcer, déclenchant du même coup leurs énergies créatrices respectives.

Oui, c'est bien cela, vous êtes libre de choisir, à chaque instant, le bien plutôt que le mal, le positif plutôt que le négatif... d'accepter ou de refuser quoi que ce soit sur cette terre et dans tout l'Univers.

Vous êtes responsable de tous vos choix

Vous êtes absolument responsable de tous vos choix, même si vous les avez réalisés inconsciemment, pour la simple raison que personne ne peut penser à votre place.

Vous êtes le souverain tout-puissant de votre royaume intérieur, votre pensée. Vous êtes votre propre penseur, que vous le vouliez ou non.

Choisissez les mots...

Prêtez grande attention à l'emploi des mots

Si vous dites : « Il ou elle ne m'aime pas », votre subconscient enregistre ces mots et accumule l'énergie de l'isolement et de la déception que vous avez vous-même évoquée.

Si en revanche vous affirmez : «Je suis aimé·e », c'est l'énergie de la passion et de la tendresse qui est aussitôt acceptée et conservée comme telle.

Votre subconscient ne discute jamais tout ce que vous choisissez de penser et de dire volontairement. Il prend ce que vous lui offrez, de bon ou de mauvais, de vrai ou de faux.

Il ne fait aucune différence entre vos rêves et votre réalité. Il prend pour argent comptant ce que vous dites pour plaisanter et ce que vous dites de réellement vrai.

C'est pourquoi entre deux idées ou deux mots en opposition complémentaire que vous avez prononcés, il ne laisse agir que celui dont il a le plus accumulé l'énergie.

Un mot prononcé dégage aussitôt son énergie positive ou négative, que vous le vouliez ou non.

Feu vert pour les mots positifs

Les mots positifs sont des antidotes puissants. N'est-il pas vrai que le mot « maladie » est tellement lointain du mot « santé » ?

Si vous êtes malade, utilisez la thérapie des mots positifs. Grâce à leurs énergies positives, vous agirez directement sur la cause intérieure de votre mal.

Prononcez-les tout simplement et faites-en vos comprimés. Les rendre présents en vous provoquera votre guérison.

Car tous les mots positifs sont sans pitié contre tous les « maux » négatifs.

Partagez les vibrations bienfaisantes des mots positifs avec les autres, où que vous soyez. Où que vous alliez, emportez-les avec vous !

Feu rouge pour les mots négatifs

Le subconscient ne reconnaît pas les « ne… pas ». En utilisant les locutions « ne… pas », vous n'empêchez pas votre subconscient d'accumuler l'énergie d'action dégagée par un mot quel qu'il soit. Si vous dites ne pas penser au soleil, à quoi pensez-vous au même moment où vous le dites ? Au soleil, bien entendu !

« Ne… pas » n'est qu'un barrage temporaire sur la route d'un mot

Ce qui explique le fait qu'à force de répéter : « Je n'aime pas ceci ou cela », vous finissez par aimer ce que vous dites ne pas aimer. C'est tout simplement retarder son action, sans pour autant en annuler ses effets. C'est comme si vous placiez un barrage éphémère sur le courant d'un fleuve.

Vous ne devez plus jamais dire : « Je hais ou je ne hais pas », « Je suis pauvre ou je ne suis pas pauvre », « Je suis malade ou je ne suis pas malade », « J'ai peur ou je n'ai pas peur », « Je crains ou je ne crains pas ».

Les dessins complices
de notre couple

Cette page vous sert à dessiner ce qui vous passe par la tête à l'instant présent. N'importe quoi, un projet, une idée, une envie. Chacun à votre tour.
Faites-le avec une totale spontanéité en retrouvant votre âme d'enfant.

Les notes complices
de notre couple

Cette page vous sert à noter ce qui vous passe par la tête à l'instant présent. Notez-y vos envies, vos souvenirs, vos idées, vos pensées. **Ensemble ou séparément.**

Chapitre 13

L'ALPHABET QUANTIQUE DU COUPLE

A I

L'alphabet quantique
du couple de A à Z

M E

De l'alphabet originel phénicien...

En 1200 avant Jésus-Christ, l'alphabet phénicien est l'un des systèmes d'écriture les plus courants, transmis par les marchands phéniciens dans le monde méditerranéen où il est assimilé par de nombreuses cultures. L'alphabet araméen, une forme modifiée du phénicien, est l'ancêtre de l'alphabet arabe moderne, tandis que l'alphabet hébreu moderne est une variante stylistique de l'araméen.

L'alphabet grec, et par extension ses descendants, les alphabets latin, cyrillique et copte, sont tous des successeurs de l'alphabet phénicien.

... à l'alphabet quantique du couple

Le pouvoir des mots est immense et influe sur la vie de chacun et chacune. Chaque mot que vous prononcez, lisez, entendez ou même pensez avec émotion et conviction, a un impact sur vous et votre vie. Rien n'est banal, les mots émettent des vibrations et laissent leur marque.

« SOYEZ DES ÎLES POUR VOUS-MÊMES, DES REFUGES POUR VOUS-MÊMES, ET NE CHERCHEZ AUCUN REFUGE EXTÉRIEUR. » ET COMMENT ÊTRE UNE ÎLE POUR SOI-MÊME ? PAR LA MÉDITATION, « EN DEMEURANT DANS LA PRÉSENCE AU CORPS, AUX SENSATIONS, À L'ESPRIT ET AUX PROCESSUS MENTAUX.»

(MAHAPARINIBBANA SUTTA)

L'alphabet quantique du couple de A à Z

Chaque lettre en basses et en hautes vibrations

La lettre A au sein du couple

Les A de la vie à deux en basses vibrations

↘ Animosité

Partant souvent d'une simple incompréhension, l'animosité n'a jamais fait de merveilles au sein d'une relation. Il convient de la contrecarrer par l'empathie, la compassion et la compréhension.

↘ Affrontement

S'affronter dans un couple ne peut amener que de la distance, voire une séparation. Il ne s'agit jamais que d'un jeu de l'ego qui se nourrit de la confusion dans le couple.

Les A de la vie à deux en hautes vibrations

♥ Admiration

Elle accompagne toujours le début du jeu de la séduction ; il importe de la conserver au sein du couple afin d'entretenir l'estime mutuelle des deux partenaires.

♥ Amour avec un Grand A

L'Amour de tout et du Tout, celui qui fait des miracles au quotidien et qui s'accomplit pleinement dans le destin de deux êtres qui se donnent l'un à l'autre en totale confiance en l'univers et en la vie.

INVITATION DE CITATION À LIRE ENSEMBLE À VOIX HAUTE

Aimons-nous pour encore mieux nous aimer

La lettre B au sein du couple

Les B de la vie à deux en basses vibrations

↘ Blessures

Rester attaché aux blessures du passé et entretenir une fascination pour la souffrance est particulièrement anxiogène pour développer une relation saine car elle affaiblit le pouvoir de l'instant présent. Pourquoi inviter notre passé à nous accompagner si nous ne l'avons pas aimé ?

↘ Brimades

Afficher du mépris à l'égard de son partenaire ne pourra que l'amoindrir ou attiser sa colère. Arme à double tranchant, les brimades rabaisseront autant leur auteur que sa victime.

Les B de la vie à deux en hautes vibrations

♥ Bienveillance

À l'inverse du mépris, la bienveillance élève chacun des membres du couple car elle est la preuve d'un souhait d'épanouissement et d'empathie dans le respect mutuel.

♥ Balles d'Amour

L'amour que nous donnons nous rend toujours plus heureux que celui que nous attendons. Pourquoi nous priver de nous lancer des balles d'Amour ?

INVITATION DE CITATION À LIRE ENSEMBLE À VOIX HAUTE

Brisons les chaînes pour ré-apprendre à goûter les plaisirs de la vie

La lettre C au sein du couple

Les C de la vie à deux en basses vibrations

↘ Colère

La colère s'exprime auprès de chaque partenaire qui s'en veut de son incapacité à mettre en place la relation qu'il désire. Trouver un bouc émissaire semble alors naïvement la solution.

↘ Critique

Gratuite et inutile, elle est toujours destructrice et peu propice à la construction. Pour grandir dans une relation, chacun devrait travailler à modifier son attitude et non celle de son partenaire.

Les C de la vie à deux en hautes vibrations

♥ Caresses

Elles sont autant nécessaires aux sentiments que les racines le sont aux arbres, démontrant un signe physique puissant de l'attachement d'une personne à une autre.

♥ Construction

Construire une vie à deux demande de le faire sur des bases solides, tout comme les fondations d'une maison. Elles ne reposent pas sur le besoin mais bien sur l'envie de réaliser un parcours ensemble.

INVITATION DE CITATION À LIRE ENSEMBLE À VOIX HAUTE

Choisissons tous deux la joie pour guide

D — La lettre D au sein du couple

Les D de la vie à deux en basses vibrations

↘ Doute

Les non-dits ou les doutes pénalisent la tranquillité dans un couple. Tant de malentendus s'installent parce que les bonnes questions ne sont pas posées pour lever toute équivoque et rétablir la relation de confiance.

↘ Dévalorisation

Une personne qui se mésestime aura toujours un sentiment d'insuffisance quoi qu'on lui apporte et sera maladroite dans sa manière de donner de l'amour. Avec les poches vides, il est difficile de donner.

Les D de la vie à deux en hautes vibrations

♥ Découverte

La vraie magie commence quand vous faites la découverte que votre couple devient ce que vous en pensez. Soyez le chef d'orchestre de votre bonheur en commençant à penser et à agir comme si l'histoire de votre couple était celle dont vous rêviez.

♥ Diamant

Donnez-vous la chance d'une relation qui continue à scintiller de mille feux tel un magnifique diamant en renouvelant au quotidien votre intention d'apporter votre plus belle vibration.

INVITATION DE CITATION À LIRE ENSEMBLE À VOIX HAUTE

Disons-nous plus souvent « Je t'aime »

La lettre E au sein du couple

Les E de la vie à deux en basses vibrations

↘ Ennui

Ce sentiment d'abattement, causé par une grave peine ou une profonde douleur, mène à une sensation de lassitude, de fatigue, de découragement et ne fait que dessiner un paysage d'inquiétude et de contrariété.

↘ Ego

Il s'agit d'une manière d'être et de fonctionner dans lequel nous construisons notre propre souffrance à cause d'un désir d'existence et de plaisir égoïste qui se traduit par des pulsions de possession, d'indifférence ou de rejet. Il n'est qu'une impression, un faux ressenti qui ne repose sur rien.

Les E de la vie à deux en hautes vibrations

♥ Engagement

Lié à une décision volontaire et spontanée de participer à un projet de vie, personnel, de couple ou collectif, il est proche de l'état d'éveil et de la prise de conscience.

♥ Écoute

Faire silence pour écouter l'autre de manière à l'entendre, l'écoute est réceptive et non émissive. Écouter est la base de toute relation humaine, surtout dans le couple.

INVITATION DE CITATION À LIRE ENSEMBLE À VOIX HAUTE

Embrassons la vision idéale de notre couple dans de belles vibrations

La lettre F au sein du couple

Les F de la vie à deux en basses vibrations

↘ Froideur

La froideur ne fait qu'éloigner, repousser et parfois glacer votre relation de couple. À l'inverse, la chaleur permet de chauffer vos cœurs et de vous approcher dans la confiance et le bien-être mutuels.

↘ Fatalisme

Le fatalisme est l'ennemi juré de l'optimisme, il ne fera que vous emmener vers le bas, vers le doute et le mépris de la vie à deux. Ne soyez pas fatalistes, ni l'un ni l'autre, soyez rayonnants et confiants !

Les F de la vie à deux en hautes vibrations

♥ Fusion

Quand un couple est en fusion, vos deux personnes savent que l'un correspond à l'autre et la biologie amoureuse se met en activité, vos cerveaux respectifs sont détournés de leurs programmes quotidiens.

♥ Fantaisie

Apporter de la fantaisie dans votre couple ne pourra que vous épater l'un comme l'autre. La fantaisie est un peu comme la cerise sur le gâteau que vous confectionnez à deux, il faut de la surprise pour étonner l'autre, non ?

INVITATION DE CITATION À LIRE ENSEMBLE À VOIX HAUTE

Faisons-nous le cadeau
de nous libérer chacun de nos rancunes

La lettre G au sein du couple

Les G de la vie à deux en basses vibrations

↘ Guéguerre

Jouer à la « guéguerre » entre partenaires tient plus d'une attitude puérile que d'une relation d'adultes déterminés à partager leur vie au quotidien. Trêve d'enfantillages ! Agissez de manière à vous rendre heureux !

↘ Gendarme

Si l'envie prend à l'un de vous deux de jouer au gendarme au sein de votre couple, mieux vaut pour vous de regarder aussitôt le film du *Gendarme en balade* ou celui du *Gendarme de Saint-Tropez*. Ce sera beaucoup plus amusant et bénéfique.

Les G de la vie à deux en hautes vibrations

♥ Gratitude

Rien n'est plus magique que le mot MERCI pour embellir votre quotidien. Il a valeur de sésame pour ouvrir la porte à votre couple vers les plus belles expériences à deux.

♥ Générosité

Ouvrez vos bras et vos cœurs à l'autre, montrez à votre partenaire qu'il est votre priorité dans une démarche d'ouverture, d'accueil, de protection et de bienveillance. Chacun de vous en sera largement récompensé.

INVITATION DE CITATION À LIRE ENSEMBLE À VOIX HAUTE

Gardons un esprit d'émerveillement
devant la magie de la vie

H La lettre H au sein du couple

Les H de la vie à deux en basses vibrations

↘ Habitude

La routine est le premier grand ennemi de la passion, même si vous la trouvez confortable. N'hésitez donc pas à proposer des choses inattendues pour multiplier les moments agréables.

↘ Harcèlement

La dévalorisation en règle du partenaire s'avère encore pour certains le moyen le plus efficace de conforter leur ascendant, comme si la confiance en eux devait passer par l'anéantissement de l'autre.

Les H de la vie à deux en hautes vibrations

♥ Humour, humeur

Ayez toujours à l'esprit que les choses sont simples, le semblable attire le semblable. Être heureux rend heureux, sourire donne envie de sourire, soyez dans la belle humeur.

♥ Harmonie

Faites-vous chaque jour le cadeau de renoncer à votre ego pour permettre à votre couple de rayonner et de s'épanouir dans la joie, la paix et le respect mutuel.

INVITATION DE CITATION À LIRE ENSEMBLE À VOIX HAUTE

Harmonisons ensemble notre monde et l'Univers

La lettre I au sein du couple

Les I de la vie à deux en basses vibrations

↘ Inégalité

Quand l'un des partenaires affiche un sentiment de supériorité à l'égard de l'autre, que ce soit en matière d'argent ou de statut, ce dernier ne pourra que souffrir de ce mépris si peu compatible avec la notion de couple.

↘ Indifférence

Afin de ne pas tomber dans ce piège subtil et silencieux de l'oubli de l'autre, toujours source de dégradation d'une relation, ne vous privez pas de dire votre amour chaque fois que vous en avez l'occasion.

Les I de la vie à deux en hautes vibrations

♥ Indulgence

Être indulgent envers l'autre n'est pas forcément preuve de faiblesse. C'est tout simplement accepter d'être humain, sans avoir peur de découvrir sa part de fragilité.

♥ Intimité

Se ménager des instants privilégiés à deux, retrouver sa force intérieure, permettra à chacun d'entretenir et de consolider une relation profonde et durable.

INVITATION DE CITATION À LIRE ENSEMBLE À VOIX HAUTE

Incarnons ce que nous voulons vivre et être

La lettre J au sein du couple

Les J de la vie à deux en basses vibrations

↘ Jalousie

Rien ne fait plus souffrir que la comparaison. Même si l'autre semble posséder ce que nous n'aurions pas, qu'avons-nous à gagner à nourrir un sentiment d'envie qui ne fera qu'accentuer notre propre mal-être ?

↘ Jugement

Notre juge intérieur peut rapidement s'avérer dévastateur, qu'il s'agisse de s'attarder sur nos prétendus défauts ou de vouloir changer le comportement de l'autre.

Les J de la vie à deux en hautes vibrations

♥ Joie

Rien n'est plus puissant et exaltant que la joie. Plus palpable que le bonheur, plus expressive que le plaisir, elle est un véritable état de bien-être et la meilleure voie pour s'installer dans une belle fréquence vibratoire.

♥ Jeu

Pour s'épanouir à deux dans le jeu quantique, on ne doit pas considérer l'autre comme le seul responsable de notre bonheur. Plus nous entrevoyons l'Univers comme un lieu propice à la magie de l'Amour, plus nous créons les conditions d'une belle relation.

INVITATION DE CITATION À LIRE ENSEMBLE À VOIX HAUTE

Jouons chaque jour un peu plus avec l'Univers

La lettre K au sein du couple

Les K de la vie à deux en basses vibrations

↘ Kilos de reproches

Ce n'est pas le poids des reproches que vous adresserez à l'autre qui vous allégera pour autant. Dévaloriser votre partenaire ou le pousser vers la fuite ne vous affranchira pas pour autant de votre propre malaise.

↘ Kilos de chantage

User d'une tonne de menaces dans le but d'intimider l'autre peut s'avérer un jeu dangereux duquel vous ne sortirez pas forcément en grand gagnant.

Les K de la vie à deux en hautes vibrations

♥ Kilos d'attentions

Déverser une montagne de petits mots tendres à l'autre, lui adresser des fleurs ou des chocolats, des sourires ou des regards complices lui prouvera qu'il ou elle est l'objet de votre désir et de votre passion.

♥ Kilos de bisous

Soyez généreux en bisous, adressez-en des centaines et des milliers de grammes, ils seront les meilleurs ambassadeurs de vos sentiments à l'égard de l'autre qui vous en rendra tout autant.

INVITATION DE CITATION À LIRE ENSEMBLE À VOIX HAUTE

Kidnappons les petits bonheurs de l'instant présent

La lettre L au sein du couple

Les L de la vie à deux en basses vibrations

↘ Lutte

Tant que l'on reste sur le même plan d'une situation compliquée, quelle qu'en soit la nature, on ne fait qu'alimenter le problème. Survoler l'obstacle est la manière la plus puissante de dépasser la difficulté.

↘ Laisser-aller

Peut-être imaginez-vous punir votre partenaire en vous négligeant, mais attention vous risquez peut-être bien de devenir la première victime à ce petit jeu dangereux.

Les L de la vie à deux en hautes vibrations

♥ Lâcher-prise

Face aux obstacles de la vie, il faut rester fier et droit tout en lâchant prise. Accueillez ce qui se présente, nos plus grands bonheurs ne s'obtiennent pas dans la lutte.

♥ Liberté

Le monde quantique est le monde de tous les possibles, il suffit de les inventer. Alors, soyez audacieux en laissant libre cours à votre imagination pour rêver vos plus beaux lendemains à deux.

INVITATION DE CITATION À LIRE ENSEMBLE À VOIX HAUTE

Laissons-nous aller aux plaisirs de l'inattendu

La lettre M au sein du couple

Les M de la vie à deux en basses vibrations

➘ Manque

Se concentrer sur nos manques provient avant tout de l'oubli que nous sommes dans un monde de possibilités. Il convient avant tout de modifier notre façon de penser et d'agir face à cette situation.

➘ Mésestime

Comment pouvoir aimer l'autre si l'on ne s'aime pas déjà soi-même ? Personne d'autre ne le fera à notre place, nous seuls en possédons le pouvoir.

Les M de la vie à deux en hautes vibrations

♥ Méditation

À tout moment, vous pouvez fermer les yeux, seul ou ensemble, et respirer profondément tout en adressant des demandes précises à l'Univers, y compris sur des points pratiques de la vie quotidienne.

♥ Magie

Quand vous prenez soin de mettre l'Amour à la première place, l'Univers se charge vite de devenir le complice de vos désirs.

INVITATION DE CITATION À LIRE ENSEMBLE À VOIX HAUTE

Mettons l'amour à la première place dans nos actes et pensées

La lettre N au sein du couple

Les N de la vie à deux en basses vibrations

↘ Négligence

Même si l'alchimie de l'amour entre deux personnes restera toujours mystérieuse, une chose est certaine : il ne s'accommode jamais de la négligence de l'un ou de l'autre.

↘ Narcissisme

Il n'est jamais que le reflet d'une apparence que chacun veut se donner. Tomber amoureux de l'autre plutôt que de soi-même n'empêche pas d'être heureux à deux.

Les N de la vie à deux en hautes vibrations

♥ Noblesse

Donnez ses lettres de noblesse à votre Amour, en cultivant au quotidien la meilleure de vous-même et de l'autre, dans le bonheur de donner sans rien attendre en retour.

♥ Nature

Écoutez et observez les signes que la Nature vous envoie. Prenez conscience que la vie vous apporte ses cadeaux et ses réponses par le biais de ces messagers que sont les arbres, les animaux, les plantes...

INVITATION DE CITATION À LIRE ENSEMBLE À VOIX HAUTE

Nageons dans la gratitude

La lettre O au sein du couple

Les O de la vie à deux en basses vibrations

➘ Offense

Blesser l'autre repose toujours sur l'illusion que l'autre sera le seul à souffrir dans l'histoire. La tactique s'avère d'autant plus maladroite qu'elle ne servira absolument à rien, ni à l'un ni à l'autre.

➘ Opacité

Camoufler ses sentiments ou ses besoins ne peut que pénaliser la relation amoureuse. Mieux vaut jouer la transparence plutôt que les non-dits afin de permettre au conjoint de mieux comprendre pour mieux aider.

Les O de la vie à deux en hautes vibrations

♥ Optimisme

Il est, chez l'être humain, cet état d'esprit caractérisé par une perception positive du monde et de l'Univers. Voyez la vie à deux en ne prenant que le bon côté des choses. La vie est si belle quand on veut qu'il en soit ainsi !

♥ Ouverture

S'ouvrir à l'autre, s'ouvrir à l'Univers et à tous les fabuleux messages qu'Il nous envoie. Ouvrir les bras, ouvrir son cœur, ouvrir son esprit pour mieux partager et découvrir ensemble les merveilles de l'Amour.

INVITATION DE CITATION À LIRE ENSEMBLE À VOIX HAUTE

Osons le plaisir de l'inattendu
en même temps que l'optimisme

La lettre P au sein du couple

Les P de la vie à deux en basses vibrations

↘ Peur

Toutes les raisons pour lesquelles vous redoutez de vivre sans amour ne proviennent que de vos ego respectifs qui, eux, sont instinctivement attirés par la séparation. L'amour de soi illuminera votre champ d'énergie.

↘ Pessimisme

Le choix de cultiver ensemble des pensées paisibles et joyeuses conduira votre couple au bonheur aussi sûrement que le fait de vivre dans la négativité vous en écarte.

Les P de la vie à deux en hautes vibrations

♥ Pardon

On ne peut pas faire un cadeau sans en recevoir un également. En offrant votre pardon, vous ouvrez la porte aux plus grands bonheurs. Alors pourquoi rester plus longtemps prisonnier de votre rancune ?

♥ Passion

C'est un lien physique très puissant au début de la relation dans le couple. Un désir, une pulsion, une attirance qui placent chaque partenaire en réelle fusion dans la même bulle vibratoire.

INVITATION DE CITATION À LIRE ENSEMBLE À VOIX HAUTE

Prenons le temps d'apprécier les choses simples à deux

La lettre Q au sein du couple

Les Q de la vie à deux en basses vibrations

↘ Questionnement

Si l'on recherche du noir, on verra du noir partout et toutes les autres couleurs disparaîtront. Les questions débutant par « Pourquoi ? » se révèlent la plupart du temps inutiles. Préférez vous demander « Comment ? » pour vivre au mieux vos relations.

↘ Querelles

Il n'y a pas de couple sans dispute. L'important est de ne pas s'y enliser. Le mot querelle ne rime pas avec éternel.

Les Q de la vie à deux en hautes vibrations

♥ Quiétude

Ce sera toujours dans le silence de l'Invisible, dans le calme et la tranquillité que naîtront l'épanouissement et l'harmonie du couple.

♥ Qu'en-dira-t-on

Une relation épanouissante et riche fera fi des ragots, des influences néfastes des médias et des critiques, pour rester dans l'essentiel du partage des instants présents et précieux à deux.

INVITATION DE CITATION À LIRE ENSEMBLE À VOIX HAUTE

Quittons le monde de l'ordinaire pour viser l'extraordinaire

La lettre R au sein du couple

Les R de la vie à deux en basses vibrations

↘ Rancune

Penser que se venger de l'autre en entretenant de la rancœur à son égard ou de son entourage ne rendra en aucun cas moins malheureux. C'est bien au contraire s'alourdir d'un poids dont il faut se délester.

↘ Rumination

C'est la plus mauvaise manière d'utiliser notre mental en lui ouvrant la route pour s'approprier notre Être intérieur et ainsi nous déposséder de notre capacité à aimer.

Les R de la vie à deux en hautes vibrations

♥ Respect

Prenez soin de réaliser vos échanges dans le respect de l'autre, qu'il s'agisse de vos paroles, de vos actes ou de vos pensées. Accueillez la réalité de l'un et de l'autre dans l'instant présent.

♥ Rêve

Posez-vous la question de savoir quand vous avez échangé pour la dernière fois vos rêves. Et si c'était l'occasion de le faire ? Échangez vos envies, partagez vos rêves et réalisez-les à deux.

INVITATION DE CITATION À LIRE ENSEMBLE À VOIX HAUTE

Rappelons-nous que
tout commence toujours par un rêve

La lettre S au sein du couple

Les S de la vie à deux en basses vibrations

↘ Solitude

Si l'un des partenaires doute de la possibilité de bonheur à deux, il risque fort de très vite s'enfoncer dans la sensation d'exclusion et d'esseulement, mettant ainsi en péril la relation avec l'autre.

↘ Supposition

L'une des erreurs les plus communes, souvent cause de désillusion, est de croire que l'autre devine toujours ce que nous voulons ou pensons.

Les S de la vie à deux en hautes vibrations

♥ Sourire

Retrouver cette simplicité de l'enfance en souriant à tout ce qui nous arrive. Se sourire permet d'évacuer les tensions du quotidien tout en relativisant les événements de la journée pour ne conserver que le meilleur.

♥ Sensualité

S'adresser des mots doux, par la parole ou par l'écrit, se toucher, se caresser, s'embrasser, s'enlacer sont autant de marques d'affection puissantes qui vont créer et entretenir la sensualité entre deux êtres.

INVITATION DE CITATION À LIRE ENSEMBLE À VOIX HAUTE

Soyons courageux,
faisons ce que nous dit notre cœur

T La lettre T au sein du couple

Les T de la vie à deux en basses vibrations

↘ Tyrannie

Jouer au dictateur mènera tout droit vers une issue douloureuse. Ce serait oublier que, dans les couples heureux, nul ne se fourvoie dans un comportement de despote à l'égard de l'être aimé.

↘ Trahison

Si la déloyauté doit devenir la règle du jeu au sein du couple, l'histoire ne pourra s'avérer que chaotique. Il est bon alors de développer la saine capacité de poser ses limites.

Les T de la vie à deux en hautes vibrations

♥ Tendresse

Cette douceur que nous exprimons l'un à l'autre donne toute sa valeur à notre Amour, amenant dans son sillage une énergie de création harmonieuse.

♥ Toucher

L'Amour, qui est la nature fondamentale de chaque être, trouve une belle expression dans l'innocence du partage et de l'abandon à l'autre par le toucher.

INVITATION DE CITATION À LIRE ENSEMBLE À VOIX HAUTE

Trouvons de nouveaux chemins à parcourir ensemble

La lettre U au sein du couple

Les U de la vie à deux en basses vibrations

↘ Usure

Elle est la marque du temps qui passe, tel un objet qui se détériore au fil des années. Ne laissez pas votre couple se dégrader, entretenez la joie et la complicité, à elles deux elles empêcheront l'usure de s'installer.

↘ Ultimatum

Les sommations ont rarement d'autre issue que le conflit, fermant la porte à toute initiative positive ou créative. Si vous avez une demande à faire à l'autre, il existe bien d'autres manières plus habiles.

Les U de la vie à deux en hautes vibrations

♥ Unicité

Chaque être humain est là pour réaliser une mission de vie personnelle. Soyez chacun fier de qui vous êtes. Ne vous comparez pas car vous êtes unique et partagez ce qu'il y a de meilleur en vous.

♥ Unisson

Quand nos cœurs battent au diapason et que nos regards se portent ensemble sur ce qui est grand et beau, la vibration de chacun s'élève aussitôt en harmonie et les circonstances en deviennent l'écho.

INVITATION DE CITATION À LIRE ENSEMBLE À VOIX HAUTE

Unissons nos enthousiasmes pour de grandes causes

La lettre V au sein du couple

Les V de la vie à deux en basses vibrations

↘ Victimisation

Il est tellement plus facile de renoncer et de se poser en victime dans le but de manipuler l'autre, alors qu'il serait tellement plus simple de jouer le jeu de la confiance et de la transparence.

↘ Vexation

Se sentir offensé, froissé ou blessé n'est qu'affaire d'amour-propre. Ne soyez pas l'otage de votre ego qui s'abreuve de tout ce qui peut servir de prétexte à la confusion.

Les V de la vie à deux en hautes vibrations

♥ Vérité

Vivez jour après jour la vérité de votre Amour en le cultivant comme un jardin secret au plus profond de votre cœur, sans vous soucier du reste du monde.

♥ Voyage

La vie est, dit-on bien souvent, plus un voyage qu'une destination. Vivez la vôtre comme la plus belle des traversées en partageant chaque moment sans vous attacher à tout prix à un but.

INVITATION DE CITATION À LIRE ENSEMBLE À VOIX HAUTE

Voyons grand, voyons beau

La lettre w au sein du couple

Les W de la vie à deux en basses vibrations

➘ Wagon-lit

Une vie de couple riche et intense ne le sera pas forcément en restant sur les rails du début à la fin. Il faut à tout prix éviter de tomber dans le piège de la routine pour permettre à l'enthousiasme de bien s'installer.

➘ Western

Si vous êtes prêt à dégainer à chaque instant, votre vie à deux sera un western hollywoodien. Rangez vos colts et sortez-en les cartouches une bonne fois pour toutes !

Les W de la vie à deux en hautes vibrations

♥ Waouh !

N'hésitez pas à vous enflammer à l'égard de l'autre et à lui faire savoir votre enchantement. Les « Waouh », « Top », « Chouette » et autres « Tu me plais » seront autant de signes bienvenus de la part de l'autre.

♥ Wifi de l'Amour

Soyez reliés au Tout le plus souvent possible. Entre vous deux, entre vous et l'Univers, entre vous et la nature, le wifi de l'Amour est la connexion la plus merveilleuse, celle qui vous mènera vers la plénitude.

INVITATION DE CITATION À LIRE ENSEMBLE À VOIX HAUTE

Waouh ! Devenons un couple fantasquantique !

La lettre X au sein du couple

Les X de la vie à deux en basses vibrations

↘ X comme une croix sur le bonheur

Vos pensées déterminent votre destin. En cessant de regarder votre avenir par rapport à vos problèmes actuels, vous pouvez vous ouvrir à vos plus belles possibilités.

↘ X comme le carrefour de la séparation

Nul ne peut savoir combien durera votre couple mais en donnant votre attention à ce qui vous réunit dans la joie, vous avez peu de choses à craindre.

Les X de la vie à deux en hautes vibrations

♥ X comme le signe multiplier

L'objet de votre attention a toujours tendance à se multiplier. Alors n'hésitez pas à viser le meilleur et à devenir le metteur en scène de vos plus beaux scénarios à deux.

♥ X comme le croisement de deux destins

Un divorce commence dans l'esprit mais la réussite d'un couple également. Vous récolterez de merveilleux fruits en donnant le meilleur qui est en vous, votre allégresse, votre enthousiasme.

INVITATION DE CITATION À LIRE ENSEMBLE À VOIX HAUTE

XXL, la taille idéale
de notre amour au quotidien

La lettre Y au sein du couple

Les Y de la vie à deux en basses vibrations

↘ Yo-yo

Le jeu du yo-yo consiste à le lancer et à le ramener dans un mouvement de va-et-vient permanent. Bref, il vaut mieux danser un bon rock entraînant à deux, plutôt que de prendre son partenaire pour un jouet.

Les Y de la vie à deux en hautes vibrations

♥ Yin

Si une personne est trop yang, il faut réduire cet excès en apportant du yin. Le yin et le yang sont opposés tout en se fondant l'un dans l'autre car ils ne sont que relativité et mutation. Rien n'est immuable, tout change.

♥ Yang

Si une personne est trop yin, il faudra lui apporter du yang pour obtenir l'harmonie. Quand la santé est bonne, le yin et le yang sont équilibrés. Vous aussi, équilibrez le yin et le yang au sein de votre couple.

♥ Yoga

Certaines postures du yoga en couple sont inspirées de la tradition mais adaptées pour les réaliser à deux. Dénué de tout esprit de compétition, il vous permettra à tous deux de vous relaxer et vous étirer tout en travaillant sur votre respiration et en boostant votre intimité.

INVITATION DE CITATION À LIRE ENSEMBLE À VOIX HAUTE

Yin-yang, gardons toujours une part de l'autre en nous

La lettre Z au sein du couple

Les Z de la vie à deux en basses vibrations

➘ Zizanie

Semer la zizanie entre vous deux ou au sein de votre entourage ne sera jamais qu'un boomerang de discorde qui reviendra inéluctablement se projeter dans votre relation.

➘ Zéro Tolérance

Placer le seuil d'indulgence à zéro revient à refuser toute faiblesse chez l'autre, mais aussi toute initiative. Rappelez-vous : « Tout échec n'est jamais qu'une tentative échouée. » Soyez magnanime à l'égard de l'autre.

Les Z de la vie à deux en hautes vibrations

♥ Zénitude

Rien de tel qu'adopter une attitude zen pour surfer naturellement sur les vagues de la vie à deux. Une posture sereine et tranquille prépare à recevoir les signes et les cadeaux de la vie à deux.

♥ Zénith

Le zénith est le point le plus élevé de la trajectoire d'un astre dans le ciel. Et si votre couple décidait une bonne fois pour toutes de placer sa relation au zénith ?

INVITATION DE CITATION À LIRE ENSEMBLE À VOIX HAUTE

*Zappons le superflu
pour ne conserver que l'essentiel*

Les dessins complices
de notre couple

Cette page vous sert à dessiner ce qui vous passe par la tête à l'instant présent. N'importe quoi, un projet, une idée, une envie. Chacun à votre tour.

Faites-le avec une totale spontanéité en retrouvant votre âme d'enfant.

Chapitre 14

EXERCICES À DEUX

En pratique EXERCICE À 2

Partagez vos souvenirs

Notez chacun trois de vos meilleurs souvenirs de moments passés à deux ci-dessous et lisez-les tout haut en présence de votre partenaire.

Mes trois meilleurs souvenirs avec mon compagnon

1 ....

....

2 ....

....

3 ....

....

Mes trois meilleurs souvenirs avec ma compagne

1 ....

....

2 ....

....

3 ....

....

À présent, partagez-les et sélectionnez-en trois ensemble parmi les six énoncés :

Nos trois meilleurs souvenirs à deux

1 ....

....

....

2 ....

....

....

3 ....

....

....

Collez les photos de vos plus beaux souvenirs à deux

Apposez ensemble les plus belles photos de vos trois meilleurs souvenirs à deux. N'hésitez pas à y annoter vos commentaires. Vous pouvez aussi dessiner ce qui vous passe par la tête en évoquant ce souvenir, puis coloriez. Faites-en un jeu à deux et partagez ce moment comme deux enfants.

Collez ici une photo de vos meilleurs souvenirs à deux

Souvenir 1 ....

....

Collez ici une photo
de vos meilleurs souvenirs à deux

Souvenir 2 ....

....

Collez ici une photo
de vos meilleurs souvenirs à deux

Souvenir 3 ....

....

Humour rime avec Amour

Sortez de vos impasses de couple

À PRATIQUER ENSEMBLE À HAUTE VOIX

Mettez-vous face à face, assis dans votre salon, debout dans votre cuisine ou allongé sur le gazon, peu importe. Adoptez la posture qui vous convient le mieux et qui vous permet d'être détendu·e.

Regardez-vous dans les yeux, souriez-vous et récitez, chacun·e à votre tour à haute voix, d'abord les cinq risques d'impasses que votre couple pourrait emprunter et qu'il convient d'éviter. Vous pouvez compléter les phrases en même temps ci-après :

Cinq risques d'impasses pour elle

1. Il pourrait savoir que... ....
2. Je devine à l'avance ce qu'il va me dire
3. Il est comme il est, il ne changera pas
4. Si seulement, il pouvait... ....
5. Il le fait exprès, son manque de respect pour... ....

En pratique EXERCICE À 2

Cinq risques d'impasses pour lui

1. Elle pourrait savoir que… ....

2. Je devine à l'avance ce qu'elle va me dire

3. Elle est comme elle est, elle ne changera pas

4. Si seulement, elle pouvait… ....

5. Elle le fait exprès, son manque de respect pour… ....

Dix voies faciles et fabuleuses pour en sortir

À présent, passez aux voies faciles et fabuleuses. Récitez-les ensemble à haute voix.

Regardez-vous et parlez à l'unisson !

1. **J'accepte de pouvoir me tromper et, lorsque cela m'arrive, je le reconnais**
2. **Je prends soin de moi pour mieux prendre soin de toi**
3. **Je n'ai pas honte d'exprimer mes émotions face à toi**
4. **En cas de dispute, je pratique le lâcher-prise**
5. **Après une dispute, je t'accorde mon pardon pour nous libérer tous les deux**
6. **Je crois en notre couple et je désire notre bonheur avant tout**
7. **Je traverse les épreuves de la vie à tes côtés et je les partage avec toi**
8. **J'évite de broyer du noir inutilement et je suis optimiste**
9. **Je te respecte pour ce que tu fais et pour ce que tu es**
10. **Je te remercie d'être avec moi et te dis que je suis bien avec toi**

En pratique EXERCICE À 2

Rêvez à deux !

Notez chacun trois de vos rêves ci-dessous et lisez-les tout haut en présence de votre partenaire. Puis partagez-les et sélectionnez-en trois que vous souhaitez réaliser à deux :

Les 3 rêves que je souhaite réaliser en tant que femme

1. ....

....

2. ....

....

3. ....

....

Les 3 rêves que je souhaite réaliser en tant qu'homme

1. ....

....

2. ....

....

3. ....

....

Vos 3 rêves communs

Notez ci-dessous les 3 rêves que vous avez sélectionnés ensemble et que vous souhaitez partager

Les 3 rêves que nous souhaitons réaliser ensemble

....

....

....

....

....

....

Un bain de forêt à deux

Voici bien longtemps, les forêts étaient habitées par l'Homme. Ce lien familier n'a jamais été rompu. L'air y est d'une grande pureté du fait qu'un nombre important de particules est absorbé par les houppiers des arbres. Rien que le fait d'entrer dans un bois diminue l'état d'anxiété tandis que la respiration s'amplifie et le taux vibratoire augmente.

Le contact avec la nature renforce vos liens avec l'Univers

Une promenade en forêt est extrêmement bienfaisante pour l'être humain. Il s'y passe une multitude de choses. Les arbres établissent un réseau social via une toile souterraine faite de mycélium, champignon filamenteux infini, qui permet à une forêt de se comporter comme un seul et même organisme. Cette véritable toile Internet permet aux arbres de communiquer et de se soutenir entre eux, rendant la communauté magique.

Décidez d'une balade en forêt à deux. Rien que vous deux, tout en prenant soin de mettre vos smartphones respectifs en mode avion. Dès votre entrée dans la forêt, prenez soin d'être

en éveil de tous vos sens afin de vous permettre une immersion sensorielle maximale. Marchez lentement en vous approchant des arbres, n'hésitez pas à toucher leur écorce, tout en leur demandant leur permission avant d'entrer dans leur univers.

Vous pouvez vous balader main dans la main, de manière rapprochée ou même en prenant un peu de distance, le tout étant de passer ce moment privilégié en forêt à deux. Marchez lentement, en pensant plus au pied arrière qu'à celui posé en avant, de manière à bien ancrer le talon dans la terre. Tenez-vous bien droit et inspirez par le nez durant cinq pas et expirez le temps de sept pas suivants, puis recommencez le cycle.

Dès qu'une pensée surgit et tente de s'emparer de votre Être, revenez aussitôt dans l'instant présent, dans l'ici et maintenant. Prenez alors le temps d'observer les fleurs qui bordent le chemin que vous empruntez, les feuilles des arbres, les pissenlits, les jonquilles ou les coquelicots.

Renouez avec la nature, avec votre nature et avec celle de votre partenaire.

Laissez vos corps s'apaiser, vos regards s'ouvrir, sentez les parfums tout autour de vous, profitez au maximum de la lumière qui va faire grimper votre taux de sérotonine, le neurotransmetteur de la bonne et belle humeur. Oubliez vos peurs, relâchez-vous, n'hésitez pas à vous accorder des regards complices et des sourires, en silence. Parlez-vous à voix basse, comme pour mieux respecter l'espace que vous occupez.

À savoir

Les plantes et les émotions

Les cellules des plantes gèrent des informations en communiquant via leur propre circuit électrique, des signaux électro-moléculaires, tout comme l'être humain le fait via ses neurones.

Une plante est capable de ressentir les mêmes émotions qu'un être humain : la séduction, la compassion, la solidarité, l'imagination, la ruse, la jalousie, l'anticipation.

Touchez les troncs des arbres de la paume des mains ou du front et sentez votre respiration. Soyez dans cet instant et admirez le miracle de la vie sans ne plus penser à rien d'autre, si ce n'est le bien-être présent que vous ressentez en couple.

Retrouvez votre capacité à vous émerveiller de tout. Fermez les yeux si vous le souhaitez, rêvez, imaginez votre couple sans hésiter à le symboliser et à le projeter aux endroits et dans les situations que vous créez.

Pour vous défaire de ces vieilles attitudes qui vous font passer à côté du moment présent, tentez de détourner votre attention du passé et du futur pour vous consacrer essentiellement à l'instant immédiat. Sortez de la dimension temporelle de la vie quotidienne. Détachez-vous de votre mental. Cessez de vous projeter dans un futur inexistant qui ne fera que vous fournir de l'espoir ou de l'anxiété par anticipation.

Respirez de manière totalement ouverte, dégagez vos côtes, ouvrez votre corps à l'Univers. Regardez vers le haut, le tronc majestueux de l'arbre qui vous accueille, ses branches les plus hautes sont ses racines aériennes, tendues vers le Ciel, ses racines souterraines sont son ancrage avec la Terre. Il règne sur son territoire avec dignité, courage et majesté.

À savoir

Le monde végétal

Il produit plus d'oxygène que n'en consomment les êtres humains et les animaux ensemble. Les plantes à fleurs sont apparues sur Terre voici 140 millions d'années. L'Homme, quant à lui, est arrivé sur Terre il y a environ 5 millions d'années !

Rejoignez votre partenaire de vie et retrouvez-vous. Serrez-vous les mains, embrassez-vous, enlacez-vous, bref, faites-vous du bien.

Ne dites rien ou échangez vos expériences, selon ce que vous ressentez, ce que vous avez envie de partager ou non.

Vous pouvez vous prendre en photo respectivement devant un arbre, ou en mode selfie à deux, celui qui vous attire le plus, cela vous fera un formidable souvenir ! Promenez-vous encore un peu et n'hésitez pas à prendre des notes, une fois rentrés. Ou mieux encore, imprimez et collez vos photos dans un album ou dans ce livre, en y annotant vos commentaires.

Réitérez ces balades à deux, en vivant cette aventure intensément, en annulant toute intention de rumination mentale, tout autre but que celui de marcher.

Ne visez pas la destination mais bien le voyage, en étant présent le plus possible, en donnant de l'importance à votre corps et à ses mouvements.

Votre vrai chemin ira vers votre intérieur, puis vers celui de l'autre. Ensemble, vous aurez nourri vos Êtres et partagé l'intensité de ces instants magiques.

Respirez de manière totalement ouverte, dégagez vos côtes, ouvrez votre corps à l'Univers. Regardez vers le haut, le tronc majestueux de l'arbre qui vous accueille, ses branches les plus hautes sont ses racines aériennes, tendues vers le Ciel, ses racines souterraines sont son ancrage avec la Terre. Il règne sur son territoire avec dignité, courage et majesté.

À savoir

Les phytoncides

Ils réduisent l'état de fatigue, diminuent l'anxiété. Ce sont des huiles dégagées par les arbres pour les protéger des germes et des insectes ; ils sont volatils et extrêmement bénéfiques pour l'être humain qui les reçoit sur la peau et les inhale.

Regardez un arbre, une fleur, une plante

Regardez un arbre, une fleur, une plante. Laissez votre conscience s'y reposer. Sentez la paix mystique de cet être, profondément enraciné dans l'Être. Laissez la nature vous enseigner la paix de l'âme. Si, en regardant un arbre, vous en percevez le calme, vous devenez calme à votre tour. Vous ressentez l'unité avec tout ce que vous percevez dans et par ce calme. Se sentir uni à tout, c'est d'abord aimer. Cet espace intérieur de pure vigilance, c'est la conscience même. Lorsque l'on regarde, dans le calme, un arbre, un brin d'herbe ou un être humain, qui regarde ? Quelque chose de plus profond que la personne elle-même. C'est la conscience qui regarde sa création. **Eckhart Tolle**

Collez ici l'une de vos photos en forêt

Ce que j'ai aimé avec toi en forêt ....

....

Collez ici l'une de vos photos en forêt

Ce que j'ai aimé avec toi en forêt ....

....

Questionnaire comportemental

à l'attention de Madame

RÉPONDEZ PAR OUI OU PAR NON AUX AFFIRMATIONS

Il suffit souvent de peu de choses pour entretenir une belle vibration. Même si l'alchimie de l'amour restera toujours mystérieuse, de petits changements peuvent faire de grandes différences. **L'objectif du questionnaire proposé dans les pages suivantes est de vous aider à mieux comprendre l'autre pour évoluer le plus rapidement possible dans la résonance du bonheur.**

À chacun·e de vous de répondre au sien et d'en tirer les conclusions afin de mieux percevoir le comportement de l'autre pour vous permettre à chacun·e de s'adapter au mieux à l'autre et ainsi donner plus de chances de réussite à votre couple.

À propos de Monsieur

1. Il est généreux .... ❑ OUI ❑ NON

2. Il adore tout ce qui brille .... ❑ OUI ❑ NON

3. Il peut être sévère dans ses jugements .... ❑ OUI ❑ NON

4. Il est souvent perdu dans ses pensées .... ❑ OUI ❑ NON

5. Pour lui, un projet n'attend pas l'autre .... ❑ OUI ❑ NON

6. Il prévoit et calcule tout sur le plan financier .... ❑ OUI ❑ NON

7. Il n'aime pas les conflits .... ❑ OUI ❑ NON

8. Parfois je me demande s'il voit que je suis là .... ❑ OUI ❑ NON

9. Il déteste la contradiction .... ❑ OUI ❑ NON

10. Rester seul ne le gêne pas .... ❑ OUI ❑ NON

11. Les voitures de luxe le fascinent ❑ OUI ❑ NON

12. Il désire toujours mettre de l'ambiance ❑ OUI ❑ NON

13. Il a un côté maniaque ❑ OUI ❑ NON

14. Un film ne le fera jamais pleurer ❑ OUI ❑ NON

15. Il désire contrôler la situation en permanence ❑ OUI ❑ NON

16. Il adopte facilement des attitudes contradictoires ❑ OUI ❑ NON

17. Il déteste la conformité ❑ OUI ❑ NON

18. Il aime les livres ❑ OUI ❑ NON

19. Il est très sensible aux compliments ❑ OUI ❑ NON

20. Il ne prend pas soin de ses affaires ❑ OUI ❑ NON

21. Il est peu préoccupé par son apparence ❑ OUI ❑ NON

22. Les vacances ne sont pas sa priorité ❑ OUI ❑ NON

23. Il sait ce qu'il veut ❑ OUI ❑ NON

24. Il aime dominer ❑ OUI ❑ NON

25. Il aime qu'on l'écoute ❑ OUI ❑ NON

26. Il veut tout planifier ❑ OUI ❑ NON

27. Il refuse de regarder un film triste ❑ OUI ❑ NON

28. Il a une grande souplesse de caractère ❑ OUI ❑ NON

29. Il a facilement de l'audace pour paraître ❑ OUI ❑ NON

30. Il est de nature sensuelle ❑ OUI ❑ NON

31. Il a un manque d'intérêt pour ce qui est matériel ❑ OUI ❑ NON

32. Il n'aime pas montrer ses émotions ❑ OUI ❑ NON

33. Il aime épater ❑ OUI ❑ NON

34. Il n'a aucun intérêt pour ce qui est spirituel ❑ OUI ❑ NON

35. Il s'enthousiasme facilement ❑ OUI ❑ NON

36. Il présente un côté flambeur .... ❑ OUI ❑ NON

37. Il attache peu d'importance à l'habillement...... ❑ OUI ❑ NON

38. Il a tendance aux excès .... ❑ OUI ❑ NON

39. Il se trompe rarement sur les gens .... ❑ OUI ❑ NON

40. Les gens lui font facilement confiance .... ❑ OUI ❑ NON

41. Il pense que rêver est pure perte de temps....... ❑ OUI ❑ NON

42. Il est facilement dans les nuages........................ ❑ OUI ❑ NON

43. Il ne veut croire que ce qu'il voit........................ ❑ OUI ❑ NON

44. Il adore la nouveauté........................ ❑ OUI ❑ NON

45. Il refuse l'idée de vieillir........................ ❑ OUI ❑ NON

46. Il est toujours soucieux de son image................ ❑ OUI ❑ NON

47. Il est souvent attentionné et attentif à l'autre . ❑ OUI ❑ NON

48. Il a des idées bien arrêtées
sur tous les sujets........................ ❑ OUI ❑ NON

49. Il montre rarement ses émotions .... ❑ OUI ❑ NON

50. Ses affaires peuvent passer
avant ses sentiments .... ❑ OUI ❑ NON

51. Il a un côté artiste .... ❑ OUI ❑ NON

52. Il ne craint pas de choquer .... ❑ OUI ❑ NON

53. Son moral peut faire des hauts et des bas .... ❑ OUI ❑ NON

54. Il s'enthousiasme souvent trop vite..................... ❑ OUI ❑ NON

55. Il est de nature audacieuse .... ❑ OUI ❑ NON

56. Il sait se montrer généreux........................ ❑ OUI ❑ NON

57. Les mondanités l'ennuient........................ ❑ OUI ❑ NON

58. Il s'entoure de luxe ostentatoire .... ❑ OUI ❑ NON

59. Il plane au-dessus des
contingences matérielles .... ❑ OUI ❑ NON

60. Il aime regarder les étoiles........................ ❑ OUI ❑ NON

Les résultats du questionnaire

de Madame à propos de Monsieur

Recensez vos réponses positives, comptabilisez le nombre de A, B, C, D, E ou F que vous obtenez en vous basant sur le tableau ci-dessous, et reportez-vous aux résultats ci-contre.

A	B	C	D	E	F
1	6	3	2	4	12
7	13	9	5	8	16
27	14	23	11	10	17
28	15	25	44	18	35
30	19	26	45	20	36
31	22	29	46	21	38
39	24	32	50	37	51
40	34	33	55	57	52
42	41	48	56	60	53
47	43	49	58	59	54

L'interprétation des réponses de Madame

SI VOUS AVEZ OBTENU UN MAXIMUM DE A

Même si votre partenaire n'est pas dans une grande recherche d'imprévus, ne vous enfermez pas pour autant dans une dynamique routinière. **Prévoyez-lui de tendres surprises.**
Beaucoup de douceur le comblera et il sera toujours très sensible à l'environnement harmonieux, apaisant que vous aurez su créer. Il a besoin de se sentir rassuré pour s'abandonner complètement dans l'intimité. Très souvent, une ambiance zen le ravira. Les bougies, les huiles parfumées, la musique calme peuvent être de la partie.

SI VOUS AVEZ OBTENU UN MAXIMUM DE B

Ce genre de partenaire ne montre pas trop ses sentiments, ce qui ne l'empêche pas par moments d'être passionné mais il reviendra assez vite à ses priorités. **Pour lui, il y a un temps pour tout, il vaut mieux le savoir. Quand on n'a pas d'attentes, on n'est pas déçu.**
Cela dit, il saura grandement apprécier, et vous en sera reconnaissant, les moments amoureux forts que vous saurez ménager dans son emploi du temps.

SI VOUS AVEZ OBTENU UN MAXIMUM DE C

Votre partenaire a un grand sens de l'engagement et en attend la réciprocité. Il est facile de lui faire plaisir en restant de préférence dans son cadre de références en vous rappelant qu'il aime surtout ce qu'il connaît déjà.
C'est quelqu'un qui aime le pouvoir et qui prendra beaucoup de plaisir à se mettre en valeur à travers vous. **Il saura beaucoup apprécier tout ce que vous ferez pour contribuer à la valorisation de son image.**

SI VOUS AVEZ OBTENU UN MAXIMUM DE D

Vous pouvez sortir le grand jeu sans hésitation. Votre partenaire aime tout ce qui brille. Le style glamour le fascine. Il veut vous voir briller autant qu'il aime briller lui-même.
Tout ce qui est ordinaire le fait fuir, il a un goût suprême pour tout ce qui est raffiné. **Une ambiance des mille et une nuits lui conviendrait parfaitement, rien n'est jamais trop beau.**

SI VOUS AVEZ OBTENU UN MAXIMUM DE E

Ne l'entraînez pas sur une plage bondée ou dans le dernier endroit à la mode, car il est fondamentalement habité d'un désir de calme.
C'est une personne qui a besoin de communiquer sur tous les plans mais, pour sortir de sa coquille, il doit d'abord se sentir en paix.
Souvent, c'est vous qui devrez faire le premier pas pour l'inciter à découvrir quelque chose de nouveau. La nature l'attire, le rassure, sachez en faire votre terrain de jeux pour des escapades amoureuses.

SI VOUS AVEZ OBTENU UN MAXIMUM DE F

Rien ne l'enchantera plus que l'inattendu. Vous pouvez sans hésiter lui prévoir des moments intimes dans des circonstances ébouriffantes, il sera partant. Ce qui lui fait peur, c'est la monotonie, le mot-clé avec un tel partenaire sera « oser ».
Avec ce genre de partenaire, il faut entretenir la folie des premières rencontres. Jouez à fond la carte de la séduction. La seule limite est celle de votre imagination, alors laissez-vous aller.

Questionnaire comportemental

à l'attention de Monsieur

RÉPONDEZ PAR OUI OU PAR NON AUX AFFIRMATIONS

Il suffit souvent de peu de choses pour entretenir une belle vibration. Même si l'alchimie de l'amour restera toujours mystérieuse, de petits changements peuvent faire de grandes différences. **L'objectif du questionnaire proposé dans les pages suivantes est de vous aider à mieux comprendre l'autre pour évoluer le plus rapidement possible dans la résonance du bonheur.**

À chacun·e de vous de répondre au sien et d'en tirer les conclusions afin de mieux percevoir le comportement de l'autre pour vous permettre à chacun·e de s'adapter au mieux à l'autre et ainsi donner plus de chances de réussite à votre couple.

À propos de Madame

1. Elle est généreuse .... ❑ OUI ❑ NON

2. Elle adore tout ce qui brille .... ❑ OUI ❑ NON

3. Elle peut être sévère dans ses jugements........ ❑ OUI ❑ NON

4. Elle est souvent perdue dans ses pensées .... ❑ OUI ❑ NON

5. Pour elle, un projet n'attend pas l'autre .... ❑ OUI ❑ NON

6. Elle prévoit et calcule tout sur le plan financier ❑ OUI ❑ NON

7. Elle n'aime pas les conflits .... ❑ OUI ❑ NON

8. Parfois je me demande si elle voit que je suis là ❑ OUI ❑ NON

9. Elle déteste la contradiction........ ❑ OUI ❑ NON

10. Rester seule ne la gêne pas .... ❑ OUI ❑ NON

11. Les sacs à main et bijoux de luxe la fascinent.. ❑ OUI ❑ NON
12. Elle désire toujours mettre de l'ambiance ❑ OUI ❑ NON
13. Elle a un côté maniaque ❑ OUI ❑ NON
14. Un film ne la fera jamais pleurer ❑ OUI ❑ NON
15. Elle désire contrôler la situation en permanence ❑ OUI ❑ NON
16. Elle adopte facilement des attitudes contradictoires ❑ OUI ❑ NON
17. Elle déteste la conformité ❑ OUI ❑ NON
18. Elle aime les livres ❑ OUI ❑ NON
19. Elle est très sensible aux compliments ❑ OUI ❑ NON
20. Elle ne prend pas soin de ses affaires ❑ OUI ❑ NON
21. Elle est peu préoccupée par son apparence ❑ OUI ❑ NON
22. Les vacances ne sont pas sa priorité ❑ OUI ❑ NON
23. Elle sait ce qu'elle veut ❑ OUI ❑ NON
24. Elle aime dominer ❑ OUI ❑ NON
25. Elle aime qu'on l'écoute ❑ OUI ❑ NON
26. Elle veut tout planifier ❑ OUI ❑ NON
27. Elle refuse de regarder un film triste ❑ OUI ❑ NON
28. Elle a une grande souplesse de caractère ❑ OUI ❑ NON
29. Elle a facilement de l'audace pour paraître ❑ OUI ❑ NON
30. Elle est de nature sensuelle ❑ OUI ❑ NON
31. Elle a un manque d'intérêt pour ce qui est matériel ❑ OUI ❑ NON
32. Elle n'aime pas montrer ses émotions ❑ OUI ❑ NON
33. Elle aime épater ❑ OUI ❑ NON
34. Elle n'a aucun intérêt pour ce qui est spirituel ❑ OUI ❑ NON
35. Elle s'enthousiasme facilement ❑ OUI ❑ NON

36. Elle présente un côté flambeur ❑ OUI ❑ NON

37. Elle attache peu d'importance à l'habillement ❑ OUI ❑ NON

38. Elle a tendance aux excès ❑ OUI ❑ NON

39. Elle se trompe rarement sur les gens ❑ OUI ❑ NON

40. Les gens lui font facilement confiance ❑ OUI ❑ NON

41. Elle pense que rêver est pure perte de temps ❑ OUI ❑ NON

42. Elle est facilement dans les nuages ❑ OUI ❑ NON

43. Elle ne veut croire que ce qu'elle voit ❑ OUI ❑ NON

44. Elle adore la nouveauté ❑ OUI ❑ NON

45. Elle refuse l'idée de vieillir ❑ OUI ❑ NON

46. Elle est toujours soucieuse de son image ❑ OUI ❑ NON

47. Elle est souvent attentionnée et attentive à l'autre ❑ OUI ❑ NON

48. Elle a des idées bien arrêtées sur tous les sujets ❑ OUI ❑ NON

49. Elle montre rarement ses émotions ❑ OUI ❑ NON

50. Ses affaires peuvent passer avant ses sentiments ❑ OUI ❑ NON

51. Elle a un côté artiste ❑ OUI ❑ NON

52. Elle ne craint pas de choquer ❑ OUI ❑ NON

53. Son moral peut faire des hauts et des bas ❑ OUI ❑ NON

54. Elle s'enthousiasme souvent trop vite ❑ OUI ❑ NON

55. Elle est de nature audacieuse ❑ OUI ❑ NON

56. Elle sait se montrer généreuse ❑ OUI ❑ NON

57. Les mondanités l'ennuient ❑ OUI ❑ NON

58. Elle s'entoure de luxe ostentatoire ❑ OUI ❑ NON

59. Elle plane au-dessus des contingences matérielles ❑ OUI ❑ NON

60. Elle aime regarder les étoiles ❑ OUI ❑ NON

Les résultats du questionnaire

de Monsieur à propos de Madame

Recensez vos réponses positives, comptabilisez le nombre de A, B, C, D, E ou F que vous obtenez en vous basant sur le tableau ci-dessous, et reportez-vous aux résultats ci-contre.

A	B	C	D	E	F
1	6	3	2	4	12
7	13	9	5	8	16
27	14	23	11	10	17
28	15	25	44	18	35
30	19	26	45	20	36
31	22	29	46	21	38
39	24	32	50	37	51
40	34	33	55	57	52
42	41	48	56	60	53
47	43	49	58	59	54

L'interprétation des réponses de Monsieur

SI VOUS AVEZ OBTENU UN MAXIMUM DE A

Même si votre partenaire n'est pas dans une grande recherche d'imprévus, ne vous enfermez pas pour autant dans une dynamique routinière. **Prévoyez-lui de tendres surprises.**
Beaucoup de douceur la comblera et elle sera toujours très sensible à l'environnement harmonieux, apaisant que vous aurez su créer. Elle a besoin de se sentir rassurée pour s'abandonner complètement dans l'intimité. Très souvent, une ambiance zen la ravira. Les bougies, les huiles parfumées, la musique calme peuvent être de la partie.

SI VOUS AVEZ OBTENU UN MAXIMUM DE B

Ce genre de partenaire ne montre pas trop ses sentiments, ce qui ne l'empêche pas par moments d'être passionnée mais elle reviendra assez vite à ses priorités. **Pour elle, il y a un temps pour tout, il vaut mieux le savoir. Quand on n'a pas d'attentes, on n'est pas déçu.**
Cela dit, elle saura grandement apprécier, et vous en sera reconnaissante, les moments amoureux forts que vous saurez ménager dans son emploi du temps.

SI VOUS AVEZ OBTENU UN MAXIMUM DE C

Votre partenaire a un grand sens de l'engagement et en attend la réciprocité.
Il est facile de lui faire plaisir en restant de préférence dans son cadre de références en vous rappelant qu'elle aime surtout ce qu'elle connaît déjà.
C'est quelqu'un qui aime le pouvoir et qui prendra beaucoup de plaisir à se mettre en valeur à travers vous. E**lle saura beaucoup apprécier tout ce que vous ferez pour contribuer à la valorisation de son image.**

SI VOUS AVEZ OBTENU UN MAXIMUM DE D

Vous pouvez sortir le grand jeu sans hésitation. Votre partenaire aime tout ce qui brille. Le style glamour la fascine. Elle veut vous voir briller autant qu'elle aime briller elle-même.
Tout ce qui est ordinaire la fait fuir, elle a un goût suprême pour tout ce qui est raffiné. **Une ambiance des mille et une nuits lui conviendrait parfaitement, rien n'est jamais trop beau.**

SI VOUS AVEZ OBTENU UN MAXIMUM DE E

Ne l'entraînez pas sur une plage bondée ou dans le dernier endroit à la mode, car elle est fondamentalement habitée d'un désir de calme.
C'est une personne qui a besoin de communiquer sur tous les plans mais, pour sortir de sa coquille, elle doit d'abord se sentir en paix.
Souvent, c'est vous qui devrez faire le premier pas pour l'inciter à découvrir quelque chose de nouveau. La nature l'attire, la rassure, sachez en faire votre terrain de jeux pour des escapades amoureuses.

SI VOUS AVEZ OBTENU UN MAXIMUM DE F

Rien ne l'enchantera plus que l'inattendu. Vous pouvez sans hésiter lui prévoir des moments intimes dans des circonstances ébouriffantes, elle sera partante. Ce qui lui fait peur, c'est la monotonie, le mot-clé avec une telle partenaire sera « oser ».
Avec ce genre de partenaire, il faut entretenir la folie des premières rencontres. Jouez à fond la carte de la séduction. La seule limite est celle de votre imagination, alors laissez-vous aller.

La Lettre quantique

La vie de couple est un jeu quantique

Prenez chacun une feuille de papier, des crayons ou des feutres de couleur, des ciseaux, un tube de colle, des gommettes, une pince à linge, des brins d'herbe, une fleur, une branche, un vieux morceau de tissu, des bonbons, bref, quelques accessoires qui vous permettront à l'un comme l'autre de laisser votre créativité s'exprimer.

Faites le choix, chacun de votre côté, d'un lieu où vous pourrez donner libre cours à votre imagination.

Rêvez ce que vous allez lui écrire...

Fermez les yeux, respirez tranquillement et rêvez à une chose ou à un instant que vous souhaitez partager avec votre partenaire.

Cela peut être une promenade, un voyage vers une île paradisiaque, un peu de jardinage, la naissance d'un enfant, une aventure, l'achat d'une maison ou tout simplement une balade à vélo. Cela peut aussi être une déclaration d'amour ou l'expression d'un brin de folie.

La Lettre quantique

JEU À 2

Place à la loi d'abondance

Écrivez votre texte comme bon vous semble, faites un dessin, un graffiti, coupez, pliez, collez, coloriez… Le but ici est de pratiquer un lâcher-prise total, de laisser place à la loi d'intention et d'abondance, sans la moindre contrainte limitative. Abandonnez-vous à la séduction et laissez votre charme s'épanouir afin de transmettre un maximum d'émotions vers votre partenaire de vie.

Faites-le en souriant, surprenez-vous comme deux enfants, n'hésitez pas à rire aux éclats si la scène vous en donne l'envie. Si votre partenaire est dans votre champ de vision, adressez-lui des petits regards complices et riez ensemble, cela vous fera un bien fou.

La Lettre quantique

Rêvez ce que vous allez lui écrire...

Si vous en avez le désir, utilisez deux ou trois feuilles, ajoutez-y d'autres lignes ou une liste de priorités à réaliser au sein de votre couple, des résolutions. Évoquez vos ressentis, décidez d'un nouveau comportement à adopter ou d'un souhait à formuler à l'autre. Ce qui importe est d'être dans la sincérité, d'oublier toute rumination mentale et tout calcul, et surtout d'être dans l'instant présent, à deux, unis dans le même jeu quantique.

Une fois votre courrier terminé, placez le tout dans une enveloppe ou une boîte en carton ou tout autre récipient qui vous vient à l'esprit, un panier, une boîte à café ou un sachet. Si vous le souhaitez, bricolez un emballage cadeau avec de la corde ou d'autres matériaux naturels.

Visualisez le contenu de votre message

Fermez une fois encore les yeux et visualisez le contenu de votre message en l'adressant à l'Univers afin de délocaliser votre lettre en l'envoyant dans l'infini. Puis, partez chacun de votre côté en emportant le précieux colis et choisissez une pièce, un endroit où placer celui-ci en l'absence de votre partenaire.

Prenez alors des bouts de laine, des post-it, de la ficelle ou tout autre matériau qui peut baliser le parcours à suivre de la pièce dans laquelle vous avez bricolé vers le lieu du trésor. Accrochez un bout de laine à une poignée de porte, collez un post-it sur l'un des cadres du hall, signalez le chemin qui mènera votre partenaire vers sa surprise.

La lettre quantique

JEU À 2

Découvrez vos messages puis partagez-les à deux

Donnez-vous chacun et chacune quelques minutes pour découvrir le message de l'autre. Libre à chacun de vous alors de prendre connaissance du contenu en aparté ou ensemble, en lisant à voix basse ou à voix haute. Vous pouvez alors réunir les deux contenus pour les poser ou les accrocher à un endroit de passage afin de vous rappeler cet instant magique, cette récréation en couple.

Enfin, remerciez tous deux l'Univers, soyez dans la gratitude.

Cet exercice peut se réaliser à l'intérieur, au jardin, ou en n'importe quel autre endroit.
Soyez inventifs, curieux, redevenez les enfants que vous étiez et laissez jaillir vos sentiments et vos émotions du début à la fin de ce jeu complice.

Les dessins complices
de notre couple

Cette page vous sert à dessiner ce qui vous passe par la tête à l'instant présent. N'importe quoi, un projet, une idée, une envie. Chacun à votre tour.

Faites-le avec une totale spontanéité en retrouvant votre âme d'enfant.

À vous de remplir les bulles

Pour Madame

À vous de remplir les bulles

Pour Monsieur

Chapitre 15

LE BONHEUR DANS LE COUPLE

Questions-Réponses

Se mettre à l'unisson

Au niveau quantique,
aucune frontière ne vous sépare
de vos désirs.
Il suffit de vous mettre
à l'unisson des forces
énergétiques de l'Univers
qui ne demandent
qu'à s'exprimer
de manière harmonieuse
dans le quotidien de votre couple.

Dr Christian Bourit

Pourquoi certains couples sont-ils résolument attirés vers la douleur ?

Beaucoup trop nombreux sont ceux qui fuient l'idée du bonheur, croyant ne pas mériter le meilleur de la vie. L'impuissance à s'aimer se révèle profondément autodestructrice et interdit toute possibilité d'une relation équilibrée.

Les couples les plus doués n'ont, quant à eux, aucune culpabilité à l'idée d'être heureux, ils ne font pas de la souffrance une vertu. C'est ainsi qu'ils s'autorisent au bonheur et réussissent à se projeter dans un futur joyeux.

Une relation amoureuse pleinement satisfaisante ne repose jamais sur le désir de combler un manque, mais sur l'envie de donner.

Qu'ont-ils ou que font-ils de différent ?

Les couples qui développent spontanément une aptitude pour le bonheur visent le meilleur. Leurs repères sont dans la joie, le plaisir.

Ils prennent le temps de savourer la vie et d'aimer tout en sachant profiter des plaisirs de la vie.

Si par hasard, il leur arrive d'être troublés ou en colère, ils communiquent facilement leurs sentiments. Ils le font alors sans accuser l'autre et ne perdent ainsi pas de temps à chercher à se blesser ou à rester attachés à ce qui pourrait les contrarier.

Pourquoi la confiance est-elle aussi importante dans les relations sexuelles ?

Le corps, s'il ne s'agissait que de lui, désire certainement être embrassé, caressé puisque fondamentalement l'amour est notre nature.

Lorsqu'il y a moins d'envie, c'est souvent que le mental inhibe le corps par crainte de ne pas être accepté. Les êtres restent sur la défensive, se privent de s'offrir à l'amour par cette confusion des réponses où le mental prend le pas sur le corps.

Tant que les partenaires donnent du pouvoir à la peur d'être jugés, il leur est difficile de vivre leurs désirs véritables.

Une fois que les partenaires sont en parfaite confiance, le mental perd de son influence pour laisser place à la spontanéité.

Sexualité et spiritualité sont-elles amenées à se rejoindre ?

On peut répondre sans hésiter de manière positive car toutes les deux procèdent de la même aspiration, celle de parvenir à un sentiment d'unité, de communion. Derrière les étreintes de Shakti et Shiva sculptées sur les temples de l'Inde, on voit se profiler cette possibilité de transcendance.

Dans le tantrisme, l'union amoureuse est également envisagée comme quelque chose de sacré. À l'inverse, donner une connotation malsaine à la sexualité débouche sur des raisonnements restrictifs propices à la condamnation et à la peur.

VIVRE, C'EST PRENDRE DES RISQUES
LE RISQUE D'EXPRIMER SA CRÉATIVITÉ
LE RISQUE DE RESTER PRÉSENT SOI-MÊME...
... QUAND ON A PEUR ...
... OU MAL
Soyez audacieux en Amour
LE RISQUE DE VIVRE PLEINEMENT CHAQUE INSTANT
LE RISQUE D'AIMER SANS CARAPACE

Dans la mesure du possible, que devrait-on s'empresser de changer pour une vie de couple plus sereine ?

Le plus important est de se concentrer sur ce qui va bien et non sur ce qui nous déplaît.

De plus, tout comme il ne nous appartient pas de changer les autres, il est souhaitable de cesser de penser que l'autre est responsable de notre bonheur.

Notre responsabilité réside dans la sélection du type de sentiment que nous désirons voir prédominer en nous. Dans tous les cas, nous aurons le reflet de notre choix.

Toute insatisfaction doit être ressentie comme un appel à changer notre façon d'être. Les supplications ne servent à rien, ce qu'il faut, c'est s'aligner sur la fréquence de nos désirs par des sentiments de joie et d'harmonie.

La plupart d'entre nous
ont trop tendance à considérer
que le bonheur est lié
à une potentialité dans l'avenir :
« Je serai heureuse le jour où…»,
ou « Je t'aimerais si… ».
Nous avons, au contraire,
tout intérêt à nous rappeler
que le moment présent
est toujours le bon moment
pour mettre en place les bases
d'une relation plus sereine.

De façon générale, vivre à deux rend-il vraiment plus heureux ?

Vivre à deux devient une très belle aventure dès l'instant où chacun est capable d'accepter l'autre dans sa totalité, avec ses qualités et ses faiblesses, de l'écouter sans le juger pour se maintenir dans un sentiment de joie et de liberté. Dans ces conditions, la relation conduit chacun des partenaires à un sentiment de réalisation et d'épanouissement.

Cependant, lorsqu'une personne se mésestime, porte en elle un trop grand manque d'amour, le partenaire n'arrive pas à la suivre. Le rapport est faussé, basé sur un besoin que l'autre ne pourra satisfaire.

C'est pourquoi, avant de pouvoir aimer quelqu'un, le plus important est d'être capable de s'aimer soi-même.

Beaucoup trop nombreux sont ceux qui fuient l'idée du bonheur, croyant ne pas mériter le meilleur de la vie.
L'impuissance à s'aimer se révèle profondément autodestructrice et interdit toute possibilité d'une relation équilibrée.

Les couples les plus doués n'ont, quant à eux, aucune culpabilité à l'idée d'être heureux, ils ne font pas de la souffrance une vertu. C'est ainsi qu'ils s'autorisent au bonheur et réussissent à se projeter dans un futur joyeux.

Tout le monde peut-il réussir à embellir sa relation ?

Personne n'a la capacité de réécrire le passé, en revanche chacun peut s'engager à poser les bases d'un nouveau départ plus constructif pour embellir sa relation, en donnant une nouvelle orientation à ses pensées.

Tous ceux et celles qui font ainsi le choix de renoncer à s'installer dans la critique ou la négativité, pour se concentrer sur les plus belles qualités de l'autre, se donnent toutes les chances de voir leur relation connaître plus de confiance et d'intimité.

Dès que nous parvenons à évoluer
dans une vibration d'amour et de joie,
les circonstances peuvent évoluer à l'unisson.

Quelle est la principale erreur à ne pas commettre ?

La réussite d'un couple n'implique pas que l'un des partenaires devienne la réplique de l'autre. Trop souvent, on peut être tenté de croire que, si l'autre pensait exactement comme nous, tout irait bien ou mieux. Il est pourtant capital, pour une relation riche, que chacun puisse être soi-même, respectant son individualité afin d'être « entier » avec l'autre. Le renoncement à soi ne peut conduire à un bonheur durable.

Quand, dès le départ, nous éprouvons le besoin de changer l'autre, nous faisons fausse route.

Il est préférable d'y renoncer et d'accepter l'autre comme il est ou de rechercher la personne capable de nous apporter ce que nous attendons d'une relation.

Prenez soin l'un de l'autre

Comment ouvre-t-on la porte au bonheur au sein du couple ?

Il est essentiel de ne pas rester concentré sur nos manques puisque nous attirons dans notre vie les choses auxquelles nous accordons notre attention. De fait, là où certains voient un destin cruel, il faut simplement voir la réponse à un certain niveau vibratoire.

Où certains voient la chance, il faut là aussi voir une réponse à une certaine fréquence vibratoire. Nous créons nos vies avec nos pensées, nos paroles, nos attitudes… et notre vision.

C'est ainsi par exemple que les riches s'enrichissent et les pauvres s'appauvrissent, parce qu'ils n'ont pas les mêmes croyances, n'expriment pas les mêmes vibrations.

Les personnes apprenant à tourner leur esprit vers l'abondance voient facilement l'argent venir à elles. L'inverse est tout aussi vrai : la personne qui s'attarde sur ses manques ne fait qu'attirer à elle plus de privations.

Considérer la vie comme un combat ne donne pas la maîtrise des circonstances. De la même manière que s'imposer de travailler douze heures par jour n'est pas le garant du succès, nous ne pourrons jamais forcer quelqu'un à nous aimer.

Il convient simplement de tourner notre attention vers la joie, le plaisir et non sur ce que nous redoutons pour vibrer à la fréquence du bonheur.

Que conseiller à celles et ceux qui, d'une relation à l'autre, ne sont pas tout à fait heureux ?

Que ce soit dans la vie amoureuse ou professionnelle, beaucoup de gens ont tendance à reproduire le même genre de conflit.

Nous attirons en effet comme un aimant les circonstances et les événements qui renforcent nos croyances. Une femme persuadée par exemple que tous les hommes ne valent rien, s'attirera des rencontres douloureuses, confirmant ainsi sa croyance.

L'erreur la plus commune est de se précipiter dans une nouvelle relation en pensant que cela va tout guérir, tout en restant dans un état émotionnel perturbé.

De plus, les humiliations ou les déloyautés laissent souvent des cicatrices que le temps peine à effacer. En nous installant dans un sentiment d'amertume, voire de rancune, nous ne faisons qu'entretenir une situation que nous voulons fuir.

La solution n'est pas de vouloir refaire l'histoire, en cherchant à corriger les erreurs du passé, car cela conduit à rester concentré sur ce que nous ne voulons pas et mettre, là encore, en place tous les éléments pour que la situation redoutée se reproduise.

Dans tous les cas, les personnes déçues doivent comprendre que le passé n'est pas l'avenir. Le fait d'avoir multiplié les histoires désastreuses ne signifie pas qu'elles ne seront jamais en mesure de rencontrer la personne idéale.

L'important pour un couple est de s'ouvrir à la nécessité d'apprendre à diriger ses émotions.

Il est facile d'observer que la négativité entraîne la négativité, tout comme la positivité provoque la positivité : **le semblable attire le semblable.** C'est ainsi que le couple mettra en place les conditions d'un futur prometteur.

Les notes complices
de notre couple

Cette page vous sert à noter ce qui vous passe par la tête à l'instant présent. Notez-y vos envies, vos souvenirs, vos idées, vos pensées. **Ensemble ou séparément.**

Les dessins complices
de notre couple

Cette page vous sert à dessiner ce qui vous passe par la tête à l'instant présent. N'importe quoi, un projet, une idée, une envie. Chacun à votre tour.

Faites-le avec une totale spontanéité en retrouvant votre âme d'enfant.

Conclusion

FAITES UN FABULEUX VOYAGE QUANTIQUE !

Vibrez quantique à deux

L'enthousiasme devrait être un élément essentiel dans tout ce que nous faisons. Dans la construction de ce livre, il a été vraiment omniprésent car cela a été une joie permanente pour moi d'écrire en partenariat avec mon ami Éric-Antoine pour vous partager la magie quantique.

Je vous invite à lire ce livre in extenso la première fois, puis à relire chaque jour 4 ou 5 pages, ou bien encore à vous pénétrer du message d'une illustration.

Ainsi peu à peu, et sans avoir besoin de lutter, vous pourrez le conscientiser, ce qui ne manquera pas de se traduire par plus de joie et d'abondance dans votre quotidien car notre monde change quand nous changeons d'énergie.

Au-delà des bénéfices personnels prodigieux, l'approche quantique nous fait formidablement entrer dans un monde de possibilités, tournant décisif dont notre monde a tant besoin pour résoudre les problèmes de la société actuelle, avec de meilleures relations, une nouvelle approche de la santé et de l'éducation, sans oublier la nécessité de l'élaboration d'un modèle de l'entreprise pleinement respectueux des hommes et de la planète.

Dr. Christian Bourit

Faites un beau voyage en couple

Nous espérons, Christian et moi-même, avoir pu vous éclairer au mieux pour vous lancer dans cette nouvelle vie que vous avez décidé de vous autoriser.

Comme l'écrit l'un de nos confrères quantiques, Joe Dispenza, dans son livre *Rompre avec soi-même pour se créer à nouveau*, la plus grande habitude que l'on puisse perdre est celle d'être soi-même. En faisant l'effort de changer votre monde intérieur, composé de vos pensées et de vos ressentis, votre environnement extérieur vous donnera un signal fort pour vous confirmer que votre esprit a bel et bien provoqué une action sur votre monde extérieur. Vous pourrez développer et vivre au quotidien la relation endo-causale, « J'initie et j'influe sur ce qui m'arrive », en opposition à la relation exo-causale, « C'est la faute à pas de chance », et vérifier les miracles qu'elle apportera chaque jour à votre couple, dès aujourd'hui.

Comme le dit souvent mon ami Christian : « Autorisez-vous au bonheur », n'hésitez pas à ouvrir ce livre autant de fois que possible, à refaire certains exercices au cas où le doute vous rendrait visite. Le fait de répéter renforce les circuits cérébraux et développe les connexions neuronales.

Ne renoncez pas à votre nouveau bonheur, même si vos voisins ou certains de vos proches s'accrochent encore à leurs croyances. Au pire, ils esquisseront un petit sourire moqueur à l'égard de votre attitude. Ne perdez pas votre temps à tenter de les convaincre s'ils ne sont pas prêts pour ce voyage que vous êtes en train de faire vous-même.

Votre couple évoluera en vibrations, chaque jour, chaque minute, en étant dans l'instant présent. En goûtant à cette nouvelle vie que vous avez désirée et que vous vous offrez.

L'Univers nous a placés dans un immense bac à sable, dont chaque grain est une particule, et donc une onde quantique. Il nous propose d'y jouer, de nous y amuser, de nous autoriser à ces instants de bonheur. Il suffit de jouer, de profiter puis de remercier en étant dans la gratitude.

Je vous souhaite, du fond de mon Âme, d'être heureux et heureuses dans cette vie fabuleuse et de faire le plus beau des voyages « fantasquantiques » en couple, en vibrant pleinement et joyeusement.

Éric-Antoine Verheyden

Les ateliers
« Vivez quantique »

Il existe des journées de formation qui permettent d'approfondir toutes les notions expliquées dans cet ouvrage.

Ces journées sont des moments privilégiés vous permettant de mieux comprendre et d'intégrer le modèle quantique. C'est également la formidable opportunité d'avoir une réponse personnalisée à vos questions.

Éric-Antoine Verheyden et moi-même sommes à chaque fois heureux d'accueillir ceux et celles qui ont cette formidable envie de changement dans leur vie.

Exercices pratiques, séances de méditation, travail sur la posture en petits groupes, jeux de questions-réponses sont autant d'aspects abordés lors de nos ateliers « Vivez quantique ».

CE QUE LES PARTICIPANTS EN DISENT :

Le témoignage de Roger

Un petit mot pour dire ma satisfaction d'avoir participé à ce stage. Au départ, je me disais « mais je connais tout ça » et puis, en participant, les choses ont changé.
Le domaine est tellement immense que plus on avance et plus il y a à découvrir.
J'ai l'impression d'être passé dans une autre dimension. Le lendemain, j'avais une vision différente des choses et éléments. Je ne les percevais plus à la même hauteur. C'était surprenant et, chose curieuse, physiquement je me sentais beaucoup mieux.
Tout ceci me pousse encore à avancer.
Avec mes remerciements et toutes mes amitiés.

Le témoignage de Michel

Merci pour l'excellent séminaire de Bruxelles, j'ai beaucoup apprécié.
Il va me permettre, j'espère, de débloquer ce qui coince sur mes projets en Asie et la vente de la maison de ma mère.

Le témoignage de Martine

J'ai eu un plaisir énorme en participant à cette journée « Explorez votre esprit quantique ». Une chape de plomb est littéralement tombée de mes épaules, moi qui avais toujours passé ma vie à lutter, j'en ai compris l'inutilité. J'aurais aimé découvrir cela plus tôt mais c'est déjà formidable et j'en suis reconnaissante.
Depuis cinq mois, je vis dans la légèreté.
Encore toute ma gratitude.

Le témoignage de Victoria

J'ai adoré ces journées « Vivez quantique » passées avec vous. C'était un vrai régal et je suis persuadée que c'est grâce à vous que ma situation financière s'est améliorée. Je ne sais comment vous remercier, je vous embrasse.

Le témoignage d'Andrée

Tout ce qui me paraissait compliqué est devenu simple. Surtout, j'ai compris ce qu'était la responsabilité dans le jeu quantique de ma vie : une réponse avec habileté.
C'est ce qui est formidable dans cet atelier, on apprend à répondre avec habileté aux situations que la vie nous propose.

Le témoignage de Claudine

J'ai assisté au séminaire avec mon mari et je veux vous exprimer toute ma gratitude pour avoir su nous montrer à quel point tant de choses peuvent devenir plus faciles dans la vie en utilisant notre cerveau et aussi, bien sûr, notre cœur.
Je suis d'autant plus heureuse qu'avec mon mari ce n'était pas gagné. Il ne veut jamais ouvrir un livre, rien que le mot quantique lui faisait peur et maintenant il est le premier à raconter notre expérience. Avec toutes nos amitiés.

Pour en savoir plus

Pour connaître les dates et lieux de ces ateliers qui ont lieu dans tous les pays francophones :

www.christian-bourit.com

page Facebook : Explorez votre esprit quantique

Bibliographie

ALEXANDER Eben, *La Preuve du paradis*, Guy Trédaniel éditeur, 2013

ALEXANDER Eben, *Voyage d'un neurochirurgien au cœur de la conscience*, Guy Trédaniel éditeur, 2018

ALLIX Stéphane, *Contact avec l'au-delà*, Éditions de la Martinière, 2013

ANTOINE Éric Pierre, *Étoiles de cire*, Éditions Cent Mille Milliards, 2017

BARTLETT Richard, *Matrice énergétique*, Macro Éditions, 2014

BELLINE Marcel, *La Troisième Oreille*, Éditions J'ai lu, 1977

BERHEND Geneviève, *Votre pouvoir invisible*, Éditions Le Dauphin Blanc, 2008

BERNE Éric, *Des jeux et des hommes*, Éditions Stock, 1984

BOURIT Christian, *Je m'autorise au bonheur !*, Jouvence, 2006

BOURIT Christian, *La Vibration du bonheur*, Éditions de l'Homme, 2011

BOURIT Christian, *Vivez pleinement : vivez quantique !* Éditions Leducs, 2019

BOURIT Christian, *Votre vie est un jeu quantique*, Éditions Quintessence, 2014

BRADEN Gregg, *La Divine Matrice*, Éditions Ariane, 2007

BRIEZ Daniel, *Bien vivre sa mort*, Éditions Dangles, 2012

CHARBONNIER J.-J., *Les 7 bonnes raisons de croire à l'au-delà*, Éditions J'ai lu, 2014

CHINTANAVITCH Nathalie, *Accélération quantique*, Éditions Tara Glane, 2016

CHOPRA Deepak, *Ma science de la vie*, Éditions du Rocher, 2000

CHOPRA Deepak, *Le Livre des coïncidences*, Éditions J'ai lu, 2009

CHOPRA Deepak, *Le Livre des secrets*, Éditions J'ai lu, 2014

D'ANSEMBOURG Thomas, *Qui fuis-je ? Où cours-tu ? À quoi servons-nous ?*, Éditions de l'Homme, 2008

DELPECH Geneviève, *Le Don d'ailleurs*, Éditions J'ai lu, 2016

DYER Wayne W., *Inspiration*, Éditions ADA Inc., 2007

DYER Wayne W., *La Vraie Magie*, Éditions Le Dauphin Blanc, 2014

FANELLI V., BISHOP W., *L'Esprit quantique*, Macro Éditions, 2015

FELDEMEYER Jean-Jacques, *Cerveau et pensée*, Éditions Georg, 2002

HAMAIN Vincent, *Mémorandum pour l'au-delà*, Éditions La Providence, 2015

HICKS Jerry et Esther, *Abraham parle*, Éditions Mama, 2017

HOPKE Robert, *Il n'y a pas de hasards*, Éditions Robert Laffont, 2000

KILOBY Scott, *Vivre l'éveil*, Éditions Accarias, 2016

LIPTON Bruce H., *Biologie des croyances*, Éditions Ariane, 2016

MAGNES J.-P. et TEYSSIER D'ORFEUIL Luc, *La Méthode Coué*, Éditions Eyrolles, 2016

MCTAGGART Lyne, *Le Lien quantique*, Macro Éditions, 2013

MÉDICI Christophe, *Libérez votre cerveau de son saboteur*, Éditions Dangles, 2018

NOEL Michelle-J. , *Vous pouvez guérir*, Éditions Quintessence, 2012

MURPHY Joseph, *Exploitez la puissance de votre subconscient*, Éditions Tchou Ariston, 1979

MYSS Caroline, *Actes invisibles de pouvoir*, Éditions Véga, 2005

MYSS Caroline, *Anatomie de l'esprit*, Éditions Ariane, 1998

MYSS Caroline, *Contrats sacrés*, Éditions Ariane, 2002

MYSS Caroline, *Actes invisibles de pouvoir*, Éditions Véga, 2005

PEALE Norman V., *La Puissance de la pensée positive*, Éditions Marabout, 2019

PEARL E., *La Reconnexion*, Éditions Ariane, 2002

PENTIMALLI Italo et MARSHALL J. L., *Le Pouvoir du cerveau quantique*, Macro Éditions, 2016

PÉPIN Charles, *Les Vertus de l'échec*, Allary Éditions, 2016

RANSFORD Emmanuel, *La Conscience quantique et l'au-delà*, Guy Trédaniel éditeur, 2019

RANSFORD Emmanuel, *L'Univers quantique enfin expliqué*, Guy Trédaniel éditeur, 2020

RIOU Arnaud, *Les Nouveaux Sages*, Éditions Solar, 2017

STADEN Siranus Sven von, *Énergie quantique*, Guy Trédaniel éditeur, 2016

TOLLE Eckhart, *L'Art du calme* intérieur, Éditions J'ai lu, 2011

TOLLE Eckhart, *Mettre en pratique le pouvoir du moment présent*, Éditions J'ai lu, 2011

TOLLE Eckhart, *Le Pouvoir du moment présent*, Éditions J'ai lu, 2010

VAN CAUWELAERT Didier, *Les Émotions cachées des plantes*, Plon, 2018

VÉZINA Jean-François, *Les Hasards nécessaires*, Éditions de l'Homme, 2012

WOESTLAND Bernard, *De l'homme-cancer à l'homme-Dieu*, Dervy, 2012

Glossaire

Abondance Pour obtenir de l'abondance, il faut être prêt à donner et partager. C'est vous qui disposez du choix d'utiliser les lois de l'Univers pour créer de l'abondance à tous les niveaux de votre vie. Il convient donc de vous mettre en harmonie avec les lois de l'abondance et non avec vos manques.

ADN De son nom complet, l'acide désoxyribonucléique est une macromolécule présente dans la totalité des cellules et contient le génome, l'information génétique d'un individu. Il permet le fonctionnement, le développement et la reproduction de tout être vivant.

ADN neuronal L'ADN neuronal est susceptible de subir des modifications, on évoque alors la neuroplasticité.

Antimatière La différence entre la matière au sens propre du terme et l'antimatière se situe notamment au niveau de sa charge électrique qui est opposée à celle des particules ordinaires.

Archétype Chaque être humain est accordé à un ou plusieurs modèles de vie. L'archétype est une sorte de héros intérieur qui illustre et suggère des valeurs, des expressions et des émotions que chacun a envie d'imiter et de ressentir. L'archétype est un guide, un mentor, une image, un exemple, notre moi intérieur rêvé, dépourvu d'ego.

Argent L'argent, monnaie d'échange et unité de mesure, initialement sous forme de pièces frappées dans des métaux ou alliages de métaux, puis en billets ou en titres imprimés, est devenu de plus en plus virtuel.

Argent circulant L'argent est une énergie qui devient ce que nous en faisons. Comme toute énergie, il doit circuler.

Argent sale Terme souvent utilisé pour qualifier des mouvements financiers occultes ou illégaux. L'argent n'a intrinsèquement rien de sale, il n'y a pas plus de vertu dans la pauvreté que de crime dans la richesse.

Argent thésaurisé L'argent devient un problème uniquement lorsqu'on le laisse dominer notre vie, ne pensant qu'à lui, ce qui finit par engendrer bien des déséquilibres en oubliant qu'il doit être à notre service et non pas l'inverse.

Atome Du grec *atomos*, qui signifie « insécable », l'atome était considéré comme la plus petite particule de matière jusqu'à la découverte du monde subatomique.

Autosuggestion Coué (*voir* Émile Coué) définit clairement l'autosuggestion comme l'implantation d'une idée en soi-même par soi-même. Qu'elles soient positives ou négatives, les pensées bonnes ou mauvaises sont produites en permanence par le cerveau. Pour être dans la maîtrise de soi, l'autosuggestion doit être consciente, autonome et automatique.

Avide Se dit de quelqu'un qui émet le désir insatiable et excessif d'avoir toujours plus.

Biologie quantique Étude des phénomènes biologiques subtils tels que la photosynthèse, l'effet tunnel de l'électron, l'intrication ou l'olfaction dans le cadre d'une approche quantique.

Bit Unité de numération à deux valeurs, le 1 et le 0, le bit est l'élément binaire de mesure de base de tous les programmes informatiques et des champs d'informations (*voir aussi* Qubit).

Boson Particule élémentaire, le Boson de Higgs constitue l'une des bases de la physique quantique, ouvrant la voie à la supersymétrie et à la matière noire.

Cerveau quantique L'activité électrique du cerveau est en corrélation avec la conscience. Les microtubules situés à l'intérieur des neurones du cerveau émettent des vibrations quantiques.

Champ quantique Le monde physique macrocosmique et le monde quantique microcosmique n'obéissent pas aux mêmes lois. S'ouvrir au champ quantique, c'est découvrir les fabuleuses capacités de notre cerveau à explorer un monde parallèle, infiniment petit, contre-intuitif et imperceptible par nos sens.

Conscience État d'éveil de soi-même. Présence de l'esprit à lui-même dans sa représentation des choses et des événements. Présence de l'Être par un ressenti et une intuition intérieurs au travers d'états psychiques qu'il rapporte à lui-même en tant qu'observateur, le rendant ainsi conscient qu'il est à l'origine de ses actes et de ce qui lui arrive.

Dans l'approche quantique, l'esprit humain serait composé d'une matière différente de celle régie par la physique. Et la conscience est donc capable de dépasser ce monde physique grâce au libre arbitre. La conscience peut être comparée au réseau Internet : elle peut en effet être exploitée pour effectuer un tas de choses, mais elle dépend de l'utilisateur pour accomplir les tâches qui lui sont soumises.

Croyance limitative Une croyance qui limite vos choix ou qui vous empêche de penser et d'agir selon les lois universelles est limitative car elle crée un obstacle entre votre pensée et l'harmonie de l'abondance.

Corps de souffrance Il s'agit de la souffrance infligée par le mental qui cherche à nier l'instant présent en se référant en permanence au passé. Cette souffrance habite votre corps et dégage une énergie négative. Plus l'individu accepte le moment présent, plus la souffrance sera dissipée.

Corps noir Le corps noir est un corps qui absorbe tout le rayonnement qu'il réceptionne. La lumière qu'il diffuse est analysée au moyen de la température qu'il émet (*voir aussi* Planck).

Coué (Émile – Méthode Coué) Pharmacien, praticien altruiste et homme de foi, Coué est un précurseur en matière d'intention et d'autosuggestion positive afin de provoquer un résultat souhaité. « Chaque fois que la volonté et l'imagination sont en lutte, c'est toujours l'imagination qui l'emporte, sans aucune exception » est l'un de ses enseignements.

De Broglie (Louis) Physicien français (1892-1987), Louis de Broglie attribue une dualité onde-particule à tous les corpuscules de l'Univers, comme la lumière.

Dendrite La dendrite est un prolongement cellulaire du neurone qui conduit des courants électriques vers le corps cellulaire, situé autour du noyau et qui est le siège des fonctions vitales de chaque neurone. On dénombre jusqu'à 50 000 dendrites par neurone.

Dualité onde-corpuscule (ou onde-particule) Principe selon lequel les éléments quantiques, la lumière par exemple, se comportent alternativement comme une onde et comme une particule, cette dualité n'étant en fait observable qu'au niveau microscopique de la mécanique quantique.

Échelle de Hawkins L'échelle de conscience du docteur Hawkins permet de mesurer la hiérarchie des niveaux de conscience humaine. Dans le bas de l'échelle, la honte provoquant l'humiliation et parfois la mort. Tout en haut de l'échelle, l'illumination. Entre les deux, toute une série de paliers évoquant à la fois le niveau, le taux vibratoire en fréquence hertzienne et l'état émotionnel.

Eckhart Tolle Maître spirituel ayant vécu une expérience de mort provisoire, Eckhart Tolle développe le concept de la prise de conscience de l'instant présent pour contrer les assauts de la rumination mentale.

Effet photoélectrique Certains matériaux génèrent un courant électrique en étant exposés à la lumière. Il s'agit là d'un effet photoélectrique, comme celui des cellules photovoltaïques.

Effet photovoltaïque Effet photoélectrique produisant de l'électricité à partir des rayons solaires, par absorption de photons qui transmettent leur énergie aux électrons.

EFT (Emotional Freedom Technique) Cette méthode de libération émotionnelle allie l'utilisation du système énergétique de la médecine chinoise à ses méridiens aux pratiques et conceptions de la psychologie moderne. Par des tapotements sur une série de points (les mêmes qu'en acupuncture), associés à la répétition de phrases libératrices, l'EFT permet d'agir sur des troubles psychosomatiques.

Ego positif Oui, il existe un ego positif et il convient de cesser de vouloir se battre contre cet ego-là. Celui du talent et de la génialité qui nous habitent, celui du narcissisme qui ne fait que nous rappeler qu'il nous faut nous respecter, nous aimer et jouer le rôle grandiose que l'Univers nous propose.

Ego négatif La notion d'ego négatif évoque le comportement d'un individu qui agit afin d'acquérir de la valeur et dans une volonté de contrôle permanent des choses et des autres. Plutôt que le soi intérieur, c'est le mental qui régit dans ce cas-là.

Électron Particule élémentaire subatomique, l'électron possède une charge négative et cohabite dans l'atome avec les neutrons et les protons. Il dispose d'une dualité onde-corpuscule et peut donc changer de statut en permanence.

Endo-causalité Loi causale choisie selon le libre arbitre, donc modifiable et non déterministe. Le célèbre physicien Emmanuel Ransford parle d'un « ascenseur de la conscience » qui traverse tous les étages, de la plus petite particule subatomique jusqu'aux plus grandes galaxies de tout l'Univers, en franchissant tous les niveaux et toutes les composantes, visibles ou invisibles, matérielles ou immatérielles. Il s'agit bien d'un pouvoir décisionnel au sein de la matière permettant à l'individu d'utiliser son libre arbitre. Dans toute particule, il y a une partie psychique, endo-causale (*voir aussi* Ur-causalité), qui prend l'apparence du hasard.

Épigénétique Révolution dans le monde de la science, l'épigénétique sonne la fin de la fatalité génétique et démontre que l'être humain n'est pas programmé par ses gènes (*voir aussi* Gène). L'ADN (*voir aussi* ADN) est modulé en permanence en fonction des comportements et de l'environnement de l'individu.

Exo-causalité À l'inverse de l'endo-causalité, l'exo-causalité désigne tout ce qui est prédéterminé, linéaire ou figé, ne laissant aucune place au libre arbitre de la conscience (*voir aussi* Ur-causalité). Loi causale subie, sans intervention d'un libre arbitre, donc déterministe, non modifiable et figée. L'origine de la cause est ainsi extérieure (exo) à l'individu ou à la chose qui subit la situation ou l'événement.

Faux-moi (faux-self) C'est cette personnalité que l'on propose à l'extérieur, aux autres, et qui découle de notre éducation. Elle est propagée par notre mental. Bref, une attitude de contrôle permanent pour mieux s'adapter à notre environnement.

Force électromagnétique Le champ électromagnétique est déterminé par les interactions entre les particules chargées électriquement. Il régit les ondes électromagnétiques des ondes radio en passant par les rayons gamma et la lumière.

Force faible Responsable de la désintégration radioactive des particules subatomiques, elle est à l'origine de la nucléosynthèse dans les étoiles.

Force forte Parfois appelée force de couleur, la force forte est l'une des quatre interactions universelles, avec la force faible ; la gravitation et la force électromagnétique. Elle interagit sur les particules chargées de couleurs telles que les gluons, les quarks et les antiquarks. C'est elle qui maintient les quarks solidaires et inséparables.

Force de gravitation Elle maintient les planètes en orbite autour du Soleil et fait partie des quatre interactions fondamentales qui ordonnent l'Univers.

Forces fondamentales Au nombre de quatre, elles régissent les lois physiques de l'Univers : l'interaction nucléaire forte, l'interaction électromagnétique, l'interaction nucléaire faible et la gravitation.

Fric Souvent associé à l'argent facile, le fric est synonyme d'argent immédiatement disponible. D'autres mots l'ont accompagné au fil de l'histoire tels que le flouze, le pognon, l'oseille, le blé, la galette, le pèze, les pépètes, la picaille, la tune ou même les ronds, ce dernier terme étant sans doute le plus approprié dès lors que les pièces de monnaie sont bel et bien rondes.

Gène Sur la molécule d'ADN (*voir aussi* ADN), un gène se caractérise par sa position et par l'ordonnancement de ses bases azotées. Le gène est un support d'information dans un organisme vivant (*voir aussi* Épigénétique).

Génialité La caractéristique du génie est de pouvoir appréhender le connaissable alors que personne d'autre n'a encore identifié sa présence. L'idée provient du domaine virtuel et se balade dans l'invisible où tout est potentiel, tout comme une abeille qui irait butiner une fleur ou non.

Gluon Les gluons sont des bosons (*voir aussi* Boson) responsables de l'interaction forte en liant très fortement les quarks entre eux (*voir aussi* Quark).

Gravitation Force responsable de l'attraction des masses entre elles. La loi de gravitation universelle de Newton (modèle newtonien) sera remise en question par Einstein dans le cadre de son principe de la relativité.

Gravité quantique Branche de la physique théorique qui tente d'unifier la relativité générale de l'Univers et la mécanique quantique afin de mieux saisir les phénomènes provoqués par d'immenses quantités de matière sur de minuscules dimensions spatiales.

Holomatière Appelée aussi psychomatière, elle est constituée d'un état de matière ondulatoire et déterministe (*voir aussi* Exo-causalité) et d'un état non physique, aléatoire, invisible, discontinu et relié (*voir aussi* Endo-causalité). L'holomatière est donc constituée.

Impermanence Tout est impermanent dans l'Univers, seul le changement est constant. Face à cette impermanence de toute chose, il convient de lâcher prise en réfutant l'attente et le besoin pour laisser place à la confiance et à l'abondance.

Inconscient Phénomène psychique échappant à la conscience.

Infrarouge Rayonnement électromagnétique d'une longueur d'onde supérieure à celle du spectre visible.

Instant présent Porter son attention sur l'instant présent, c'est accorder sa présence au présent tout simplement. En vous focalisant sur votre respiration et sur la vitalité de votre corps physique, vous pourrez vous ancrer dans l'instant présent.

Intelligence émotionnelle Souvent appelée quotient émotionnel (QE), l'intelligence émotionnelle est déterminée selon des habitudes cognitives par une approche psychométrique (*voir aussi* Psychométrie).

Intention Tout, absolument tout, ce qui se déroule dans l'Univers provient d'une intention qui émerge de l'Intelligence Universelle non localisée pour aboutir dans l'esprit individuel. Une fois localisée, l'intention devient réalité. Sans l'intention, la réalité ne pourrait tout simplement pas exister. L'intention est le moyen de répondre à un besoin, qu'il soit d'ordre matériel, amoureux ou spirituel.

Intrication quantique Lorsque deux particules, peu importe la distance qui les sépare, se comportent comme si elles formaient un seul ensemble, on évoque le principe d'intrication. Un changement d'état de l'une entraîne aussitôt le même changement sur l'autre.

Intuition C'est elle qui frappe à la porte de votre Être intérieur et qui va vous apporter la vision, la créativité, la curiosité pour se transformer en suggestion et en émotion.

Lumière Phénomène physique produisant une perception visuelle, composé d'ondes électromagnétiques variant de l'ultraviolet à l'infrarouge. La lumière se déplace dans le vide en ligne droite à vitesse fixe.

Macroscopique Contraire du mot « microscopique », il n'est pourtant apparu qu'un siècle après ce dernier. Il désigne tout ce qui apparaît à l'œil nu.

Macrocosme Contraction des mots grecs *macros* (grand) et *cosmos* (monde), le macrocosme désigne le « grand monde » par rapport à l'être humain qui est le « petit monde ». Il désigne aussi une vision large et globale de l'Univers. Des découvertes récentes démontrent que les objets de plus en plus grands répondent également aux lois de la physique quantique.

Manque Il est l'opposé de l'abondance. Vous avez le libre arbitre de désirer et d'attirer l'abondance ou de créer des manques dans votre vie. En ayant peur de ne pas avoir assez, les lois universelles conforteront vos pensées et vous n'aurez pas assez. C'est une question d'attitude et d'harmonie avec l'Univers .

Mesure quantique En physique quantique, l'acte de mesure d'un élément modifie et perturbe le comportement de l'objet étudié.

Microcosme Contraction des mots grecs *micros* (minuscule) et *cosmos* (monde), le microcosme définit une image réduite de l'Univers et représente l'infiniment petit face à l'infiniment grand.

Microscopique Provenant du substantif « microscope », instrument d'optique destiné à observer des objets ou des phénomènes de taille minuscule, il définit ce qui ne peut être vu à l'œil nu.

Molécule Assemblage chimique de deux ou plusieurs atomes, associés entre eux par des liaisons, la molécule est une structure de base de la matière.

Neurones Au nombre de 85 milliards dans le cerveau, les neurones sont autant de cellules nerveuses qui assurent la conduction de signaux biochimiques vers les cellules par le biais d'un axone et d'une myriade de synapses. L'intestin, considéré comme le second cerveau, est composé de 500 millions de neurones, tandis que le cœur possède environ 50 000 neurones.

Neurotransmetteurs Appelés aussi neuromédiateurs, ce sont des composés chimiques dégagés par les neurones. Dopamine, noradrénaline, adrénaline, sérotonine, GABA, histamine, endorphine font partie de ces neurotransmetteurs qui créent donc une ambiance chimique qui influera sur le comportement du neurone. Les neurotransmetteurs sont activés par les besoins de l'organisme et induisent donc les émotions ressenties telles que la joie, la peine, la peur, la confiance ou l'état de stress.

Neutron Particule subatomique, composite et non élémentaire, le neutron se situe dans l'atome, et est d'une charge électrique neutre.

Neutrino Découverte par Wolfgang Pauli, cette particule élémentaire extrêmement légère, petite et rapide (vitesse de déplacement proche de celle de la lumière), interagit très peu avec la matière et est difficilement détectable, notamment du fait qu'elle traverse la matière comme si elle était transparente.

Newton (Isaac) Astronome, mathématicien, alchimiste et philosophe britannique, Newton est le fondateur de la théorie de la gravitation universelle, démontrant que le déplacement des objets terriens et des corps célestes est dicté par le principe d'inertie. Les paramètres de la physique newtonienne seront démontrés plus tard par les principes de la physique quantique.

Onde L'onde est une perturbation qui transporte de l'énergie et voyage sans aucun déplacement de matière.

Passé La division de la vie en passé, présent et futur est totalement illusoire, il ne s'agit que d'une construction et une abstraction mentales. Le passé ne peut se révéler à votre esprit que maintenant.

Particule Parcelle minuscule d'un corps matériel ou d'une substance.

Photon Un photon est un paquet d'énergie associé aux ondes électromagnétiques (rayons gamma, ondes radio, lumière). Quantum de rayonnement électromagnétique, le photon interagit sous l'effet de l'émission ou de l'absorption de la lumière.

Photosynthèse Processus biochimique permettant à un organisme de synthétiser de la matière organique par le biais de l'énergie de la lumière.

Physique nucléaire Science qui étudie le noyau atomique, les protons et les neutrons et leurs interactions.

Planck (Max) Définie par le physicien Max Planck (1858-1947), la constante de Planck est à la base de la physique quantique et intervient dans la quantification d'énergie et dans le principe d'incertitude. Elle relie la fréquence d'un rayon de lumière à l'énergie du photon qu'elle transporte. Planck a aussi résolu le problème du corps noir (*voir aussi* Corps noir).

PNL Programmation neurolinguistique, la PNL est constituée de notre éducation, de notre langage, de nos relations et de notre sensibilité. Notre cerveau est programmé, tout comme le disque dur d'un ordinateur, mais il peut être reprogrammé. La PNL a donc le pouvoir de reprogrammer les neurones grâce au langage.

Propriété Synonyme de possession, souvent exclusive, la propriété fait souvent l'objet de revendications qui peuvent provoquer des envies, jalousies, spéculations et parfois même des guerres ou des meurtres. Le droit de propriété a souvent été décrété par le droit du sol qui engendre bien des mésententes entre humains mais aussi au détriment des animaux et des végétaux. Ce droit de propriété matérielle peut s'élargir au droit de propriété intellectuelle qui protège les auteurs, artistes et autres génies.

Proton Particule subatomique composite comportant une charge électrique positive. À l'inverse de l'électron, le proton est lié au neutron et est stable à l'état libre.

Psychométrie Science qui étudie les techniques de mesure, de validation et de vérification réalisées en psychologie, portant sur des échelles métriques et logarithmiques. Le but de cette science est donc de mesurer le fondement de toute pensée, opinion ou démarche et de pouvoir déterminer le taux d'intelligence émotionnelle d'un individu.

Quantum Ce mot latin signifie « combien ». Le « quantum » est la plus petite mesure indivisible de l'Univers, qu'il s'agisse d'énergie, de masse ou de déplacement.

Quanta Pluriel du mot « quantum », les « quanta » sont introduits dans le langage scientifique par le physicien Max Planck, afin de quantifier le transfert d'énergie dégagée entre la matière et la lumière. Planck démontre ainsi que ce transfert ne s'opère pas de manière continue, mais bien discontinue, par petits paquets d'énergie, les « quanta ». D'autres grands physiciens, comme Albert Einstein, Niels Bohr, Louis de Broglie, Erwin Schrödinger ou Paul Dirac passeront leur vie à étudier ce phénomène.

Quantique Ce mot, souvent interprété avec une connotation étrange et mystérieuse, décrit le monde de l'infiniment petit, et provient du mot « quantum ».

Quark Particules élémentaires impossibles à isoler, les quarks composent les neutrons et les protons, qui constituent à leur tour les noyaux atomiques de tous les composants de l'Univers, de la rose à l'ours blanc, des étoiles à l'être humain. Il y a trois couleurs de quarks : le rouge, le bleu et le vert (RVB).

Qubit (Quantum bit) Contrairement au bit informatique conventionnel (*voir aussi* Bit) qui se trouve soit dans un état 1, soit dans un état 0, le bit quantique se trouve dans une superposition de ces deux états, conférant ainsi une fonction exponentielle à un ordinateur quantique.

Richesse Il est possible de faire beaucoup de bien avec l'argent. Être riche n'empêche nullement d'avoir une vision spirituelle de la vie et cela n'aide pas un mendiant affamé de décider de mourir de faim avec lui.

Riche Personne qui peut s'offrir tous les objets et expériences de vie de manière libre, authentique et joyeuse.

Saut quantique C'est le changement de statut à un autre, immédiat, sans avoir voyagé dans l'espace. Un électron qui passe d'une orbite à une autre sans s'être réellement déplacé et de manière totalement imprévisible.

Spectre électromagnétique Contenant l'ensemble des gammes de lumières visibles et invisibles (de l'infrarouge à l'ultraviolet), il détermine toutes les ondes électromagnétiques.

Subconscient Processus psychique inaccessible au sujet conscient, le subconscient est une faculté mentale permettant de penser, ressentir et réaliser de manière automatique, sans prise de conscience.

Super-symétrie Théorie de la physique des particules : elle est basée sur le concept de symétrie et d'invariance.

Synapse La synapse est le point de contact entre deux neurones, ou entre un neurone et des cellules musculaires ou sensorielles. La synapse chimique, la plus active dans le système nerveux du corps humain, transmet une information *via* des neurotransmetteurs. La synapse électrique s'atténue considérablement en passant du stade immature au stade adulte, elle ne fait pas appel aux neurotransmetteurs.

Temps psychologique Il s'agit d'une perspective subjective du temps.

Thermodynamique Science de la chaleur et de l'équilibre des grands systèmes, la thermodynamique permet la compréhension de la matière.

Troc Ancien mode d'échange d'objets ou d'animaux sans aucun intermédiaire d'argent, il est l'ancêtre de la monnaie.

Ultraviolet Rayonnement électromagnétique de même type que la lumière du soleil. Invisible, sa longueur d'onde est plus courte que celle du rayonnement solaire. Ses rayons sont nocifs.

Univers Il est l'ensemble de tout ce qui existe et est conduit par une série de lois, physiques et psychiques.

Ur-causalité Tel un immense océan, l'entité ur-causale est une grande toile qui réunit l'inconscient collectif et lie ainsi tout l'Univers. Emmanuel Ransford image bien cette définition par un collier de perles, dont chaque perle est une particule élémentaire et le collier la soudure endo-causale de ces mêmes particules. Nous sommes donc tous intimement liés sur un plan plus puissant que le niveau rationnel et chacune de nos pensées occasionne un changement sur le plan subtil et physique de tout ce qui nous entoure.

Vibration Tout n'est que vibration au sein de l'Univers. Chaque être humain est un champ d'énergie consciente qui peut s'harmoniser avec l'Univers, avec le champ quantique.

Vide quantique Il s'agit bel et bien d'un espace vide de toute matière mais empli d'énergie.

Vrai-moi (vrai-self) C'est notre moi intérieur, notre Être dans toute sa splendeur et son talent, le côté authentique qui laisse libre cours à la spontanéité en oubliant toute tentative de contrôle.

Yang Selon la philosophie taoïste, le yin et le yang représentent chacun une force qui se transformera progressivement en l'autre. Symboliquement, le yang est la partie blanche et représente le masculin, la force, le mouvement ascendant, la lumière, la création, l'expansion, l'actif, la compréhension spirituelle et les montagnes (*voir aussi* Yin).

Yin Totalement complémentaire du yang, le yin représente le féminin, l'intuitif, la Lune, le fantasme, l'obscurité, la soumission, le mouvement descendant, l'inertie, le froid et les rivières. Dans chacune de ces deux forces opposées, on retrouve une partie de l'autre, de sorte que chacun a besoin de l'autre pour exister. Il y a du yang dans le yin et inversement.

Les auteurs

Dr Christian BOURIT

Depuis qu'il a cessé sa pratique de la médecine dentaire holistique, Christian Bourit anime des formations où il propose une nouvelle manière de penser et d'agir profondément libératrice.

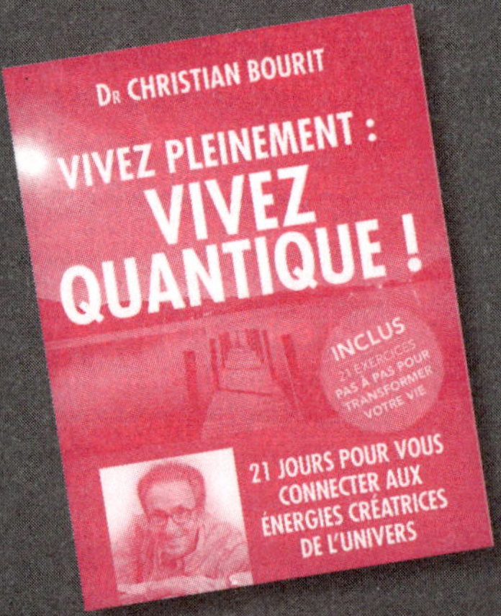

Son coaching associe les découvertes des neurosciences et des extraordinaires avancées de la physique quantique au service de la croissance personnelle. Les principes proposés sont immédiatement accessibles et donnent la possibilité d'une transformation radicale tant au niveau personnel que professionnel.

Il est l'auteur de *Je m'autorise au bonheur !*, Éditions Jouvence, *La Vibration du bonheur*, Les Éditions de l'Homme, *Votre vie est un jeu quantique*, Éditions Quintessence, *Vivez pleinement, Vivez quantique !*, Éditions Leducs, ainsi que du programme audio *21 jours pour vivre quantique*.

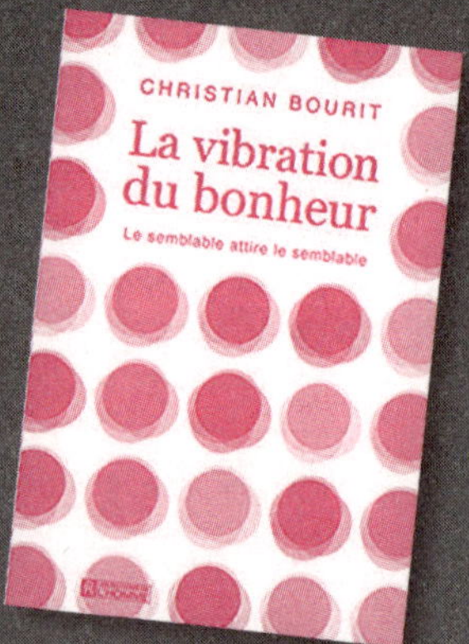

Éric-Antoine VERHEYDEN

Après une carrière de conseil en communication auprès d'acteurs majeurs de la grande distribution, Éric-Antoine a mis ses connaissances en neuromarketing au service de groupements actifs dans l'énergie verte et la préservation de la planète. En 1995, il vit une expérience de mort provisoire par procuration à Montréal et en ressort transformé.

Il est l'auteur de romans fantasquantiques* tels que *Étoiles de cire*, qui lui fera rencontrer ses quatre archétypes, Napoléon Bonaparte, Serge Gainsbourg, Claude François et *le Petit Prince* de Saint-Exupéry, dont il a également réalisé une adaptation théâtrale. Le livre est entré au Grévin à Paris. Éric-Antoine écrit également un conte initiatique au titre évocateur de *L'Homme qui voulait tutoyer les Étoiles* ainsi qu'un ouvrage philosophique *Vibre ta vie*. Après avoir croisé la route de Christian Bourit, il s'est joint à lui dans le cadre des ateliers-conférences « Vivez quantique ».

---

*Éric -Antoine Verheyden est le créateur du mot « fantasquantique », amalgame des mots « fantastique » et « quantique » évoquant le concept de l'adhésion au jeu quantique pour que le fantastique jaillisse du monde invisible et apparaisse dans le visible.

Aussi longtemps que nous persisterons
à croire que l'amour fait souffrir,
cette croyance nous confrontera
à une dangerosité
que NOUS aurons orchestrée.

Notre responsabilité est dans le choix des émotions que nous cultivons :
est-ce la joie, l'enthousiasme ou la rancœur ?
Dans tous les cas, nous aurons le reflet de notre choix.

La meilleure chose que nous pouvons partager dans une relation, **c'est notre propre bonheur** en étant bien avec nous-même.

La compréhension de notre nature vibratoire est une **formidable opportunité** de prendre le pouvoir dans notre vie.

Christian Bourit

Toi et moi

Nous deux, toi… Toi et moi
Tels Tristan et Yseult
Nous vivrons comme des rois
Avec l'Amour dans nos yeux

Nous irons, toi et moi
Tels deux tendres amants
Sur des chevaux de soie
Emportés par le vent

Je cueillerai les oiseaux
Pour poser au petit jour
Leurs corps fragiles sur l'eau
Du lac de nos amours

J'arracherai le Ciel
Pour l'étendre sous la Lune
Et te cacherai, ma belle
Dans ce lit d'infortune

Tes mains dans mes mains
Et mon cœur dans ton cœur
Je dormirai sur ton sein
En rêvant notre bonheur

Toi et moi, rien que nous deux
Nous vivrons comme des rois
Avec l'amour dans nos yeux
Et nos cœurs dans nos bras

Éric-Antoine Verheyden

Achevé d'imprimer en novembre 2020
sur les presses de la Nouvelle Imprimerie Laballery
58500 Clamecy
Dépôt légal : novembre 2020
Numéro d'impression : 011295

Imprimé en France

La Nouvelle Imprimerie Laballery est titulaire de la marque Imprim'Vert®